Peter Eisenman
FORMA Y ABSTRACCIÓN

Miret, Santiago
Peter Eisenman. Forma y abstracción - 1a ed . - Ciudad Autónoma de Buenos Aires : Diseño,
2023.
142 p. ; 21 x 15 cm.
ISBN: 13: 978-1-64360-780-1
1. Arquitectura . 2. Investigación. I. Título.
CDD 720.1

Instituto de Arquitectura
Director: Santiago Miret

Serie Conceptos
Director de la colección: Santiago Miret
Edición y compilación: Maximiliano Schianchi
Transcripciones y colaboración: Delfina Amejeiras

Editor: Arq. Guillermo Raúl Kliczkowski
Diseño gráfico: DG Cecilia Ricci

Hecho el depósito que marca la ley 11.723

© 2023 Diseño Editorial
ISBN-13: 978-1-64360-780-1
ISBN EBOOK: 978-1-64360-781-8

Noviembre de 2023

Peter Eisenman
FORMA Y ABSTRACCIÓN

Autor Santiago Miret
Colaborador Maximiliano Schianchi

IA diseño

Índice

Introducción

Este libro es el primero de una serie de publicaciones dedicadas a, por un lado, importantes arquitectos de la actualidad con influencia innegable en la práctica contemporánea y, por otro lado, cada uno de ellos, está enfocado en temáticas centrales de la Arquitectura.

Desde los diez libros de *De architectura*, de Vitruvio, pasando por los tratados renacentistas como *De re Aedificatoria*, de Alberti, los esfuerzos clarificadores de los pensadores franceses del siglo XIX como Quatremere de Quincy con su *Diccionario de Arquitectura*, hasta los tratados más actuales como el *Atlas of Novel Tectonics*, de Reiser y Umemoto o los gruesos volúmenes de *The Autopoiesis of Architecture* de Schumacher, todos ellos han tratado de poner en palabras los conceptos y figuras que construyen una disciplina que, en cada ocasión, amplia sus definiciones y alcances culturales.

Esta serie de libros busca encuadrarse dentro de esa tradición, en la búsqueda de contribuir con aportes modestos pero intensos, desde una articulación global de lo que implican los conceptos más problemáticos de la disciplina. No se trata de responder a antiguos interrogantes, sino de revisitarlos o plantear nuevas preguntas, propugnando un espíritu inquieto y siempre optimista de cara al potencial de una disciplina tan versátil como la Arquitectura.

Eisenman, Forma y Abstracción apunta al problema de lo no-figurativo, desde el punto de vista de una de las prácticas arquitectónicas más influyentes de la segunda mitad del siglo XX y principios del XXI. Peter Eisenman es el vivo ejemplo de un arquitecto de la Modernidad, siempre ocupado por encontrar nuevas oportunidades para pensar el proyecto *desde* y *con* la teoría. Pocos arquitectos en la historia de la disciplina han sabido integrar práctica y teoría como lo ha hecho Eisenman y esto seguramente se deba a su constante inestabilidad en términos de fundamentos. Para Eisenman no hay nada fundamental en la Arquitectura, todo es posible de poner en crisis, todo es factible de ser revisado y reconfigurado. Se trata de una lucha constante contra los supuestos y criterios del sentido común.

Este libro se organiza en tres partes. Una primera parte donde se hace una revisión de la obra de *Eisenman Architects* atravesando cinco etapas cruciales: Forma, Suelo, Historia, Superficie y Abstracción. Cada etapa ilustrada con la obra de Eisenman con fotografías y dibujos que ejemplifican diversas apropiaciones de lo abstracto en Arquitectura. Una segunda parte presenta dos conversaciones sostenidas en el marco de actividades del Instituto de Arquitectura de Buenos Aires. La primera de ellas, en julio de 2020, se realizó en el contexto de una entrevista publicada en el número especial de la revista Antagonismos dedicada a *Eisenman Architects*. La segunda, es una conversación llevada a cabo en diciembre de 2021, luego de la publicación de su libro

Lateness, en la cual la conversación resulta más distendida y los temas más heterogéneos en torno al problema de la *forma* en Arquitectura. La última parte del libro presenta una línea de tiempo donde se exponen los acontecimientos más relevantes de la obra de Peter Eisenman y aquellos temas, publicaciones, eventos y proyectos de vital importancia para comprender su obra.

Parte 1
Abstracción como Disciplina

Práctica de la Abstracción

Así como Le Corbusier, con su trabajo, sintetiza las ideas
de una época y construye un significado definitivo en un
momento en donde tanto el Estilo Internacional como el
Neoclasicismo agotaban su inercia cultural, Peter Eisenman
representa el impulso tanto de su generación como de las
posteriores a la década de 1970 hacia una profunda ampliación
de la disciplina. Dentro del torbellino intelectual de los años
de la década de 1970 y 1980, en donde figuras como Robert
Venturi, Denise Scott-Brown, Paolo Portoghesi, Aldo Rossi
y Charles Moore, entre muchos otros, impulsaban la crítica
desde el proyecto, el trabajo de Eisenman destaca por dos
razones centrales. Por un lado, por la coherencia y consistencia
entre discurso y práctica. Y, por otro, por la singularidad de su
producción, la cual es difícil de equiparar con la de cualquiera
de sus contemporáneos. Si bien a todos estos arquitectos los
impulsaba (en términos generales) la necesidad de instaurar
un discurso teórico que desplazase la discusión disciplinar
de aquellos años hacia territorios de mayor ambigüedad y
desequilibrio teórico, ninguno ha sabido volver tan versátil su
práctica mejor que Eisenman.

La integración del discurso teórico de Peter Eisenman,
respecto a su práctica es avasalladora. Su tenacidad centrada
en la relación entre la forma y el significado podría decirse

que es la impulsora de ambos planos, así como la línea de pensamiento que ha ido transformando continuamente. Esta habilidad para la transformación, sin perder, no obstante, consistencia, es una difícil tarea. El riesgo que impone la investigación y experimentación con modalidades y herramientas novedosas es muy alto en una disciplina cuya única forma de legitimación pareciera ser el paso del tiempo. A primera vista, su trabajo siempre parece estar relacionado con algo que culturalmente es efervescente y actual pero, al intentar asociarlo a ese contexto, parece ajeno, alienígena respecto a sus contemporáneos. Esto es, su época de *Houses* (1968 – 1988) podría relacionarse con ciertas reminiscencias a un giro lingüístico arquitectónico, sin embargo, estos proyectos operan en otro registro, uno que establece la idea de la falta del contenido como oportunidad para la transgresión. Lo mismo sucede con la Deconstrucción. Mientras sus contemporáneos operan desde un Deconstructivismo reaccionario, el trabajo de Eisenman parece apropiarse de conceptos deconstructivistas para desarrollar sobre ellos un *high ground* desde el cual proponer nuevas ideas profundamente arquitectónicas.

El mismo Eisenman siempre hará referencia a la "Deconstrucción" en lugar de al "Deconstructivismo", como un modo de referirse a la técnica o al medio, más que a un estilo o tendencia filosófico-artística. De este modo, operará desde la técnica deconstructivista de un modo más versátil, exploratorio y desprejuiciado.

Modelos en axonometría de la House I, House II, House III y House IV.
Por Santiago Miret, tesis doctoral Diagrama como Comportamiento, El Proyecto
del Diagrama en Arquitectura. 2023.

Respecto de la singularidad del trabajo de Peter Eisenman, podrían construirse una serie de categorías las cuales, progresivamente, contribuirían a un robustecimiento discursivo atípico por su relación con la praxis.

Así como para León Battista Alberti el problema que vehiculiza sus fachadas de iglesias (y, podríamos decir, su obra en general) es la armonía, como instrumento para el *revival* de la Antigüedad en su conflicto intelectual entre columna (griega) y arco (romano). Para Eisenman, el problema que ha motorizado su inquietud disciplinar y ha impulsado la construcción de sus ideas una tras otra, ha sido la *abstracción*.

Inquietud Disciplinar

Si bien la abstracción ha sido el punto de partida e hilo conductor en la práctica de Eisenman, está claro que su discurso sólo inicia con este problema. La abstracción es lo que podríamos denominar la inquietud disciplinar que ha impulsado a su práctica a volverse diversa, heterogénea, multifacética, contemporánea e históricamente relevante.

Si durante el Renacimiento la pulsión que motorizó a toda una serie de arquitectos humanistas era la idea de armonía y la construcción de la historia disciplinar; durante la época de la Revolución, hacia fines del siglo XVIII, el impulso era la búsqueda de una autonomía que deje atrás el ya disgregado pasado; durante el proceso de transformación que implicó el Movimiento Moderno el espíritu (*nouveau*) transformador se regía por el surgimiento del espacio abstracto como instrumento de negociación entre tecnología, cultura y materialidad; Eisenman impulsará el proyecto del *diagrama* como mecanismo de transformación cultural por medio de la abstracción, la cual se confrontará centralmente con el significado.

La inquietud disciplinar por la abstracción ha llevado a la práctica de Peter Eisenman por lo que podríamos considerar cinco estadios, los cuales, no necesariamente deben ser leídos consecutivamente, pero sí pueden ser interpretados como inyecciones de contenido a un proceso que continuamente se ve transformado y robustecido, incluso hoy. Nuevamente nos encontramos frente a una práctica que, a modo de trazos, nos presenta los indicios de un aprendizaje progresivo, el cual, si bien implica acumulaciones, también selección y síntesis.

01. Forma

El problema de la *forma*, podríamos argumentar que ha sido, por un lado, fundacional en la práctica de Eisenman y, por otro, el aspecto disciplinar que más ha sido abordado. Si bien podríamos interpretar, por medio de una lectura en detalle de su obra, que la forma es una condición transversal a todo lo producido por Eisenman, difícilmente debería ser considerado un problema fundamental. Desde las problematizaciones teóricas de su *Formal Basis of Modern Architecture* hasta las complejidades en busca de la continuidad estriada en la *City of Culture of Galicia*.

City of Culture of Galicia. Santiago de Compostela, España. 1999 – actualidad.
Fotografía Eisenman Architects.

Las diferencias entre forma y contenido parecen diluirse en el trabajo de Eisenman. La forma es el contenido, puesto que es la forma la que explica el discurso. Esto, que pareciera ser lógico y predecible es, sin embargo, poco habitual en la práctica de la Arquitectura. Las obras de Eisenman se presentan como evaluaciones de sus construcciones discursivas, así como su discurso pareciera ser la evidencia probatoria de las razones formales de sus proyectos.

Esta primera instancia, o etapa, en la obra de Eisenman, es la que mejor se relaciona con sus proyectos de *Houses* y la investigación en el campo de la semiótica. Sin embargo, es importante aclarar que las indagaciones en la semiótica en Eisenman poco tienen que ver con el anhelo de un teórico en busca de respuestas extradisciplinares. Por el contrario, la tarea inagotable de Eisenman respecto a su relación con otras disciplinas y campos del saber en general, emerge de la necesidad de disciplinar conceptos e ideas para la Arquitectura. Es decir, no son aventuras transdisciplinares sino expediciones científico-culturales en busca de conceptos, los cuales son transfigurados hacia la Arquitectura por medio de la práctica proyectiva. Ya sea desde las exploraciones semióticas con Charles Sanders Peirce o las indagaciones posestructuralistas del pliegue y las ideas sobre lo maquínico con Gilles Deleuze o, incluso, los acercamientos continuados a Jacques Derrida y la Deconstrucción. Todas estas indagaciones buscan extraer saberes filosóficos y reelaborarlos aceptando sus restos no traducibles en Arquitectura y, más específicamente, en proyectos arquitectónicos.

Las *Houses*, por ejemplo, si bien fundan mucho de su devenir en las exploraciones peircianas, sientan su problema disciplinar en los elementos de la Arquitectura. Todas ellas operan con la relación problemática entre columna, viga y losa. La *House I* explora esta relación desde la constitución de franjas organizadas en una matriz simétrica que, sutilmente, es variada y distorsionada generando un leve gradiente de vaciamiento hacia uno de sus lados. La *House II*, más sintética, explora este problema desde la grilla de 9 cuadros (como harán también de manera muy explícita la *III, IV, VI* y *X*), generando un desfase simple entre dos matrices iguales. Todo lo demás es producto de transiciones, desfases y operaciones *booleanas* que operan en jerarquías interrelacionadas. En la *House II*, las matrices de 9 cuadros dirigen alternadamente las trazas de columnas, vigas y losas. La *House III* hace lo propio respecto de este problema, pero de un modo más compacto. La rotación de volúmenes genera interrelaciones de interioridad en donde las razones estructuralmente lógicas se tergiversan en función de una problematización de la relación entre volúmenes. Aquí, la tríada columna-viga-losa se encuentra embebida en volúmenes, los cuales tienen repercusiones más significativas hacia el interior que hacia el exterior. La *House IV*, de 1971, es quizá la más sofisticada de todas. De apariencia simple, esta casa oculta un meticuloso entramado de elementos arquitectónicos donde el comienzo de unos y el final de otros se vuelve absolutamente ambiguo e inestable. Todo lo que, por ejemplo, en la *House II* era definido por una matriz desfasada y operaciones *booleanas* locales, en la *House IV* es producto de una sintética interrelación entre volúmenes perpendicularmente dispuestos entre sí de a pares y elementos lineales de columnas y vigas cuya construcción matricial tridimensional disuelve el sentido que objetivamente puede darse a una estructura de soporte.

La noción de diagrama Eisenman la trabaja exhaustivamente durante toda su carrera y se enfoca en tres pilares intelectuales: La epistemología integral de Gilles Deleuze y Félix Guattari; las teorías respecto del diagrama como signo de Charles Pierce; y las ideas asociadas a la deconstrucción de Jacques Derrida. Estas ideas han significado una fuente ineludible para el desarrollo del linaje arquitectónico emergente de las tendencias digitales con su origen en las experimentaciones arquitectónicas de las décadas de 1960 y 1970 respecto de las cuales el trabajo con las *Houses* es central. Tal es así que muchos de los arquitectos considerados "digitales" se han apoyado tanto consciente como inconscientemente en estas tendencias intelectuales.

El interés de Eisenman en el diagrama se funda en la posibilidad de disociar forma, función y significado apuntando a la desmotivación de los signos que la Arquitectura construye históricamente. Su posición tiene que ver con una "distorsión" o "desenfoque" de la relación entre el autor (y sus intensiones implícitas) y la obra, más no una actitud absolutamente transgresora. La idea de motivación, la extrae de las ideas de Pierce respecto del signo. Eisenman se ocupará de trabajar la idea de la Arquitectura como disciplina que opera desde el signo, ya sea simbólica o indéxicamente.

Todas las *Houses* operan desde una forma genérica ideal, el cubo. Bob Somol, en su texto introductorio a *Diagram Diaries* explica que para Eisenman, el cubo funciona como una figura básica que sirve como un punto de partida objetivo desde donde actuar con transformaciones progresivas, hacia la construcción de singularidad, aludiendo a que el cubo aparece como una figura que busca eludir los aspectos sensuales del objeto, con el fin de posicionarse desde aspectos formales más universales. De este modo, las *Houses* buscan construir un sustento objetivo, desde el cual iniciar un proceso de designificación de los sistemas que las componen. Estos sistemas, compuestos por los elementos básicos de la Arquitectura, procurarán, además, ser representados en un estado genérico, blancos e, incluso, como mallas de alambre, incentivando una aproximación des-subjetivada.

Somol, en el mismo texto, explica que:

> "Las investigaciones de Eisenman entonces, requerían un ideal inicial o forma genérica, que comúnmente él localizaba en el cubo, una caja neutral que era típicamente (y de algún modo menos neutral) designada como una grilla de nueve cuadros.
>
> (...) Así, la activación de la grilla estructural o matriz engendra el evento espacial del objeto-un tipo de objetificación de la estructura, similar a la asociación de Eisenman con la Arquitectura como un estudio del lenguaje que como el lenguaje en sí mismo."[1]

---

1. Somol B. (1999). *Dummy Text or The Diagrammatic Basis of Contemporary Architecture*. En Eisenman P. Diagram Diaries. Universe Publixhing.

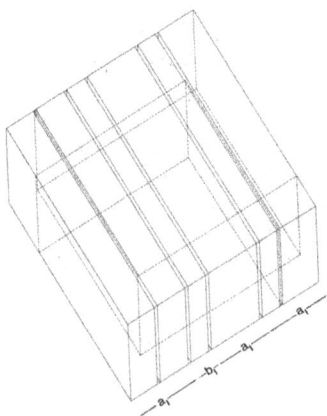

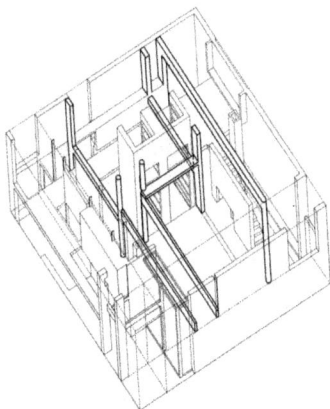

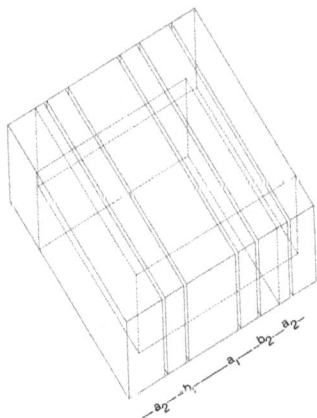

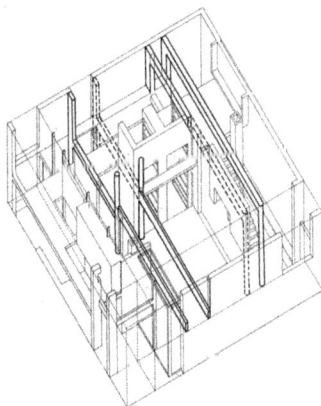

House I. Princeton, New Jersey. 1967-1968.
Dibujos conceptuales.

La grilla de nueve cuadros aparecerá en prácticamente todos los casos, incluso en aquellos que, a primera vista, aparentan construir grillas de cuatro cuadros o franjas. La tradición histórica de la grilla de nueve cuadros Somol la posiciona en la revisión de la obra de Palladio que hace Rudolf Wittkower, pero, más allá de su linaje como sistema proyectivo, la grilla de nueve cuadros habilita a la construcción discursiva y práctica de problemas arquitectónicos en clave dialéctica. Somol, además, construye un vínculo directo con el trabajo del diagrama *Dom-ino* en Le Corbusier, cuando posiciona al dispositivo de grilla de nueve cuadros con el que opera Eisenman en la encrucijada entre este diagrama estructurante y las axonometrías espaciales de van Doesburg, definiendo una conexión entre modos de representación y técnica organizativa.

El interés del diagrama de las *Houses* en Eisenman se enfoca en la posibilidad de desvincular los elementos de la Arquitectura de su función convencional. Es decir, tergiversar el significado del signo que llevan embebido producto de siglos de desarrollo disciplinar. Todo en el proyecto de las Houses operará en este sentido, y construirá una sintaxis que constantemente generará conflictos semióticos embebidos en la singularidad de cada uno de los proyectos.

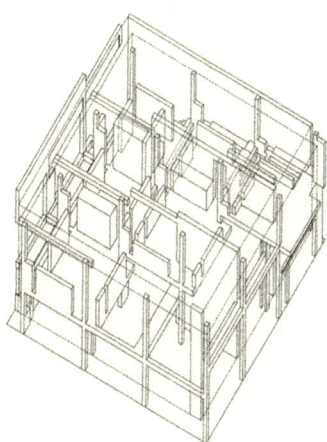

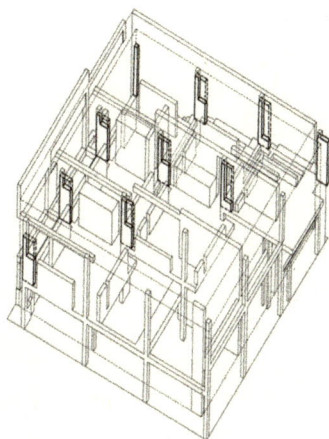

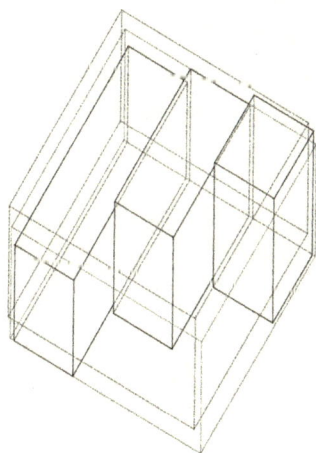

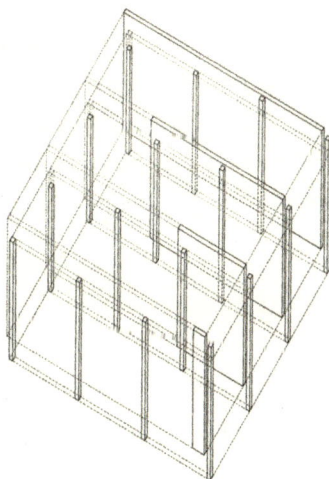

House II. Hardwick, Vermont. 1969-1970.
Dibujos conceptuales.

Una tendencia hacia lo volumétrico se volverá cada vez más presente en proyectos también preocupados por la abstracción de la forma y su significado objetual, sobre todo en los proyectos de la *House X* y la *Guardiola*. Aunque en la *Guardiola*, seguramente intensificado por el distanciamiento temporal, el interés está puesto en la relación de las operaciones *booleanas* de los elementos sólidos con su contexto en pendiente, siendo una demostración espectacular de la evolución en la problemática del significado de los elementos durante el transcurso de 20 años en la práctica de Peter Eisenman.

Así, vemos como para Eisenman no es importante el concepto extradisciplinar en sí mismo sino el modo en el que éste puede ser reconstruido y resignificado en la práctica arquitectónica. Esta operación de ampliación cultural de la teoría arquitectónica es ejecutada en diversos campos. Ya hemos mencionado la semiótica y la filosofía, pero es una práctica que, incluso más preponderantemente, se aboca a la historia de la disciplina arquitectónica.

02. Suelo

Como una derivación de los intereses semióticos por el diagrama (y su desmotivación como signo), el problema del *suelo* es algo que fue siendo cada vez más evidente en la práctica de Eisenman. Ya en su proyecto de la *House X*, de 1975, se evidencia una aproximación al suelo en algunas maquetas, pero es, sin duda, en el proyecto de la *Cannaregio Town Square*, de 1978, en donde el problema del suelo se vuelve una inquietud que no abandonará más hasta el día de hoy.

Cannaregio Town Square. Venecia, Italia. 1978.
Modelo físico.

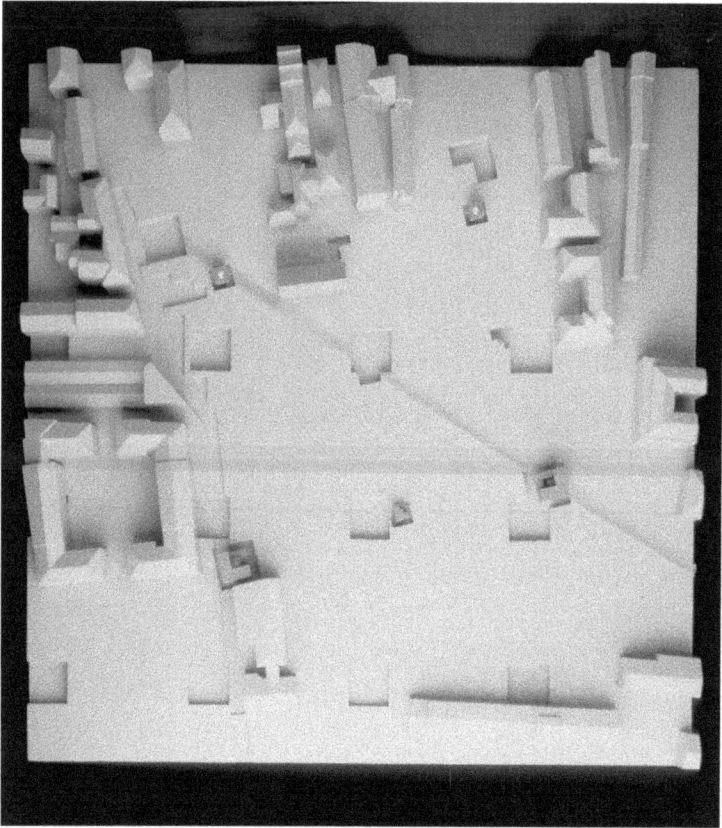

Cannaregio Town Square. Venecia, Italia. 1978.
Modelo físico.

Cannaregio Town Square. Venecia, Italia. 1978.
Modelo físico.

El trabajo con el suelo en los proyectos de Eisenman aparece como una reivindicación, con un alto grado de extrañamiento, de la idea de *contexto*. Lejos de buscar una continuidad explícita, literal y banal con las formas geométricas contextuales, el suelo en el trabajo de Eisenman es la búsqueda de lo que no está allí. Una búsqueda arqueológica literal y genuina, la cual, no obstante es una construcción, implica un entendimiento hiperbólico y lateral de lo que se considera contexto inmediato y lejano. El suelo es una lectura histórico-formal de las capacidades del sustrato arquitectónico. No se trata de un 'mapeo' al estilo de los actuales (supuestamente objetivos) *GIS*, sino de una lectura intelectual-geométrica de la historia embebida en los contextos disciplinares que involucran el proyecto. Es así que en el proyecto de *La Villette*, de 1987, coexisten un matadero, la muralla del París medieval y el proyecto de Bernard Tschumi.

Es una práctica similar a la emprendida por Piranesi en su trabajo con el *Campo Marzio* (que el mismo Eisenman reelabora en años recientes), donde el sustrato del territorio opera proyectivamente integrando ideas del pasado y de un futuro posible. En el caso de Piranesi pasado y pasado posible, en el caso de Eisenman pasado y futuro posible. Historia y presente son reconfigurados haciendo uso de fragmentos preexistentes pero no necesariamente visibles. El trabajo del arquitecto se transforma en una especie de arqueología proyectiva que busca "activar" secuencias antiguas por medio del impulso de ideas actuales y futuras.

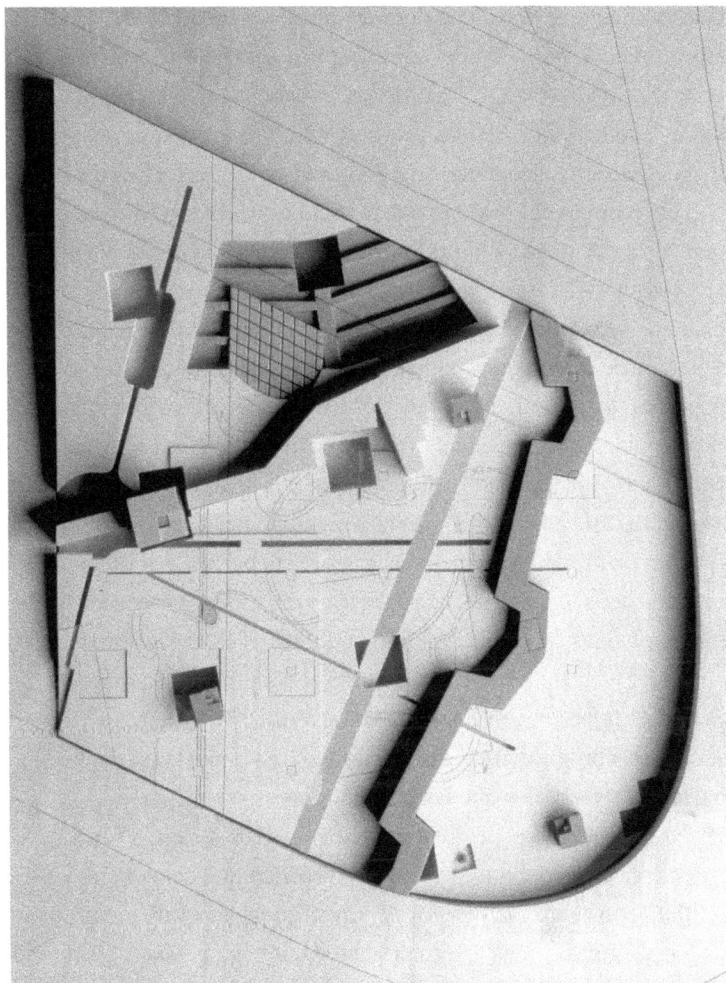

La Villette. París, Francia. 1987.
Modelo físico.

Centralmente, el problema del suelo es, en el proyecto de Eisenman, el problema del *trazo*. Implica aquello que está allí en estado de latencia, virtualmente. Si bien la emergencia de lo virtual, aquello que no está presente en estado actual, se da con mayor síntesis y elegancia en el proyecto de Galicia, es hacia 1987 con el proyecto del *Biocenter* que el suelo es trabajado en función de una traza que implica tanto lo presente como lo ausente. Pionero en metodologías digitales de iteración, el *Biocenter* representa la primera aproximación de la oficina a la experimentación con la potencia de cálculo computacional de los ordenadores. Es un proyecto, en apariencia sencillo, que se organiza en seis barras, de las cuales cinco se encuentran interrumpidas con cortes de formas en "V" y en "U", mientras que una aparece virtualmente con trazas en el suelo que implícitamente indican su presencia. Existen dos trazas superpuestas a las de las barras. Por un lado, un aparente sendero que atraviesa las barras, pero no por las interrupciones, sino de manera recta. Esta traza, desligada de cualquier utilidad práctica, cohesiona al conjunto formalmente, pero no implica necesariamente un vínculo circulatorio, de servicios o programático de ningún tipo. Por otro lado, cinco barras más versátiles que las primeras, las cuales se perforan y vuelven translúcidas de diversas maneras. Esta segunda traza pareciera conspirar con la voluntad de orden que persigue el sendero recto. De este modo, el proyecto resulta en un conjunto de barras intersecadas, las cuales algunas están presentes en estado actual, mientras que otras lo hacen virtualmente. Una singularidad no evidente de este proyecto de barras en relación a la traza es que ninguna de ellas está definitivamente presente en el proyecto. Todas poseen instancias de virtualidad y están desplegadas de tal modo que establecen una relación de presencia-ausencia muy extraña.

Biocenter. Frankfurt am Main, Alemania. 1987.
Dibujo de la planta general.

Así como la noción del *suelo* de Eisenman amplía el concepto de *contexto* de la disciplina en un aspecto absolutamente material desde la virtualidad. Esto es, un contexto material que no es el literal, táctil de lo existente (nada más), sino que involucra tanto el pasado como el futuro. La Historia cumplirá un rol determinante en la sofisticación de este concepto; la Historia como contexto.

03. Historia

Es, sin embargo, profundamente sugestivo cómo una práctica absolutamente comprometida con lo contemporáneo sea nutrida constantemente por la Historia. El proyecto de Eisenman, como el de todo gran arquitecto, hace hincapié una y otra vez en la tradición. Pero esta tradición, lejos de ser solemnemente contemplativa, es audazmente proyectiva. El trabajo con el diagrama de casos de estudio es, justamente, lo que otorga pertinencia y consistencia a las irreverentes formas y tergiversaciones de sentido de los proyectos de Eisenman. La noción de "referente" como algo lejano y ajeno a la real actividad constructiva del proyecto es desterrada por un trabajo con el caso de estudio absolutamente involucrado con la forma, en donde los mismos elementos de los diagramas de casos de estudio son variados, transformados, transfigurados, desfasados y tergiversados con el objeto de volverlos proyecto nuevo.

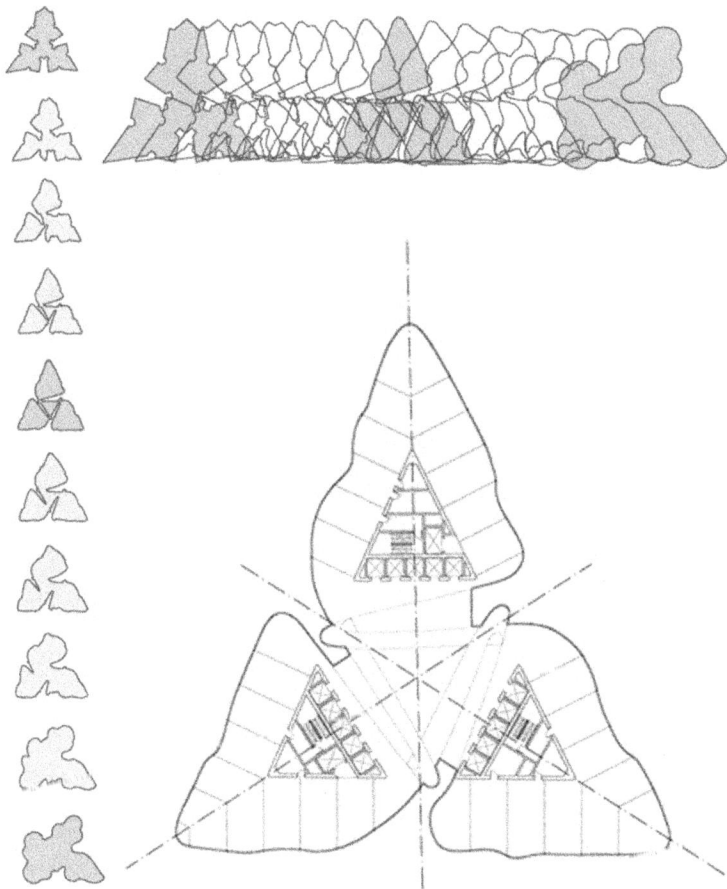

Spree Dreieck Tower. Berlín, Alemania. 2000.
Dibujos de concepto de las siluetas de los niveles y planta.

Spree Dreieck Tower. Berlín, Alemania. 2000.
Modelo tridimensional conceptual.

El caso más conocido, quizá, sea el de la grilla de nueve cuadros de las villas de Andrea Palladio, trabajada profundamente en el transcurso de veinte años durante el proyecto de las *Houses*. Pero también es el caso de la menos popular *Spree Dreieck Tower*, de 2000, la cual opera literal y materialmente con el *Friedrichstrasse Office Building*, de Mies van der Rohe; o el uso del *siedlung* alemán en el proyecto del *Rebstockpark Masterplan*, de 1992.

En ambos casos, la tipología opera como un sustrato a ser transformado, deformado por tensiones aparentemente invisibles. En el caso de la *Spree Dreieck Tower*, los rígidos ángulos agudos del proyecto original de Mies se ven deformados en función de construir una diferenciación continua de la envolvente que, sin embargo, conserva intacto el interior y sus núcleos de circulación vertical. Menos racional, la transformación en la torre persigue la continuidad por sobre todas las cosas.

Mientras que en el Materplan de *Rebstockpark*, no existe una búsqueda de diferenciación continua sino, por el contrario, de ruptura, discontinuidad y quiebre de la geometría de base. Aquí, no existe un proyecto canónico, sino una tipología histórica: el pabellón de viviendas alemán. Además, la deformación sí busca tener una justificación concreta que se vincula con el pliegue del terreno y la matriz geométrica que organiza la estructura de base. A diferencia de la *Spree Dreieck*, *Rebstockpark* implica una liberación de la referencia disciplinar hacia una apropiación tipológica nueva.

Rebstockpark Masterplan. Frankfurt am Main, Alemania. 1990-1992.
Modelo físico.

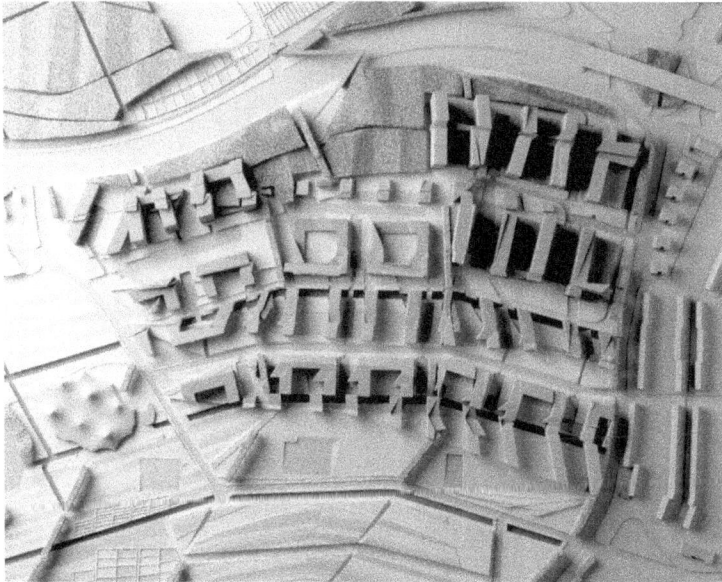

Rebstockpark Masterplan. Frankfurt am Main, Alemania. 1990-1992.
Modelo físico.

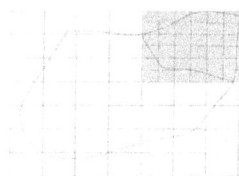
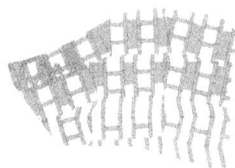
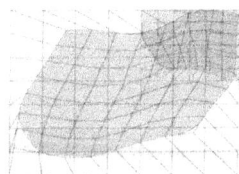

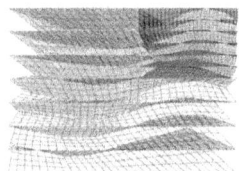

Rebstockpark Masterplan. Frankfurt am Main, Alemania. 1990-1992.
Diagramas de concepto.

Menos literalmente, y en un diálogo directo con la historia de la disciplina, la *Church of the Year 2000*, de 1996, si bien no utiliza un caso de estudio en particular (al menos en apariencia), se aboca a problematizar la histórica forma organizativa de las iglesias de tres naves. En donde las mismas se encuentran siembre unidas entre sí, Eisenman propone separarlas y que su vínculo sea (literalmente) virtual, por medio de pantallas. Las pantallas reemplazan la nave central, volviendo a la misma virtual. De este modo, la iglesia de tres naves permanece presente y es desarrollada como un diagrama de un caso de estudio.

Este resulta una caso muy interesante, dado que se produce una especie de profundización en la cuestión tipológica. En Rebstockpark la noción tipológica es tomada de manera más general, el pabellón es interpretado como un objeto lineal prácticamente sin restricciones formales. Mientras que en la *Church of the Year 2000*, la tipología es adoptada con mucha más especificidad. Se trata ahora de tres naves (una ausente), las cuales no sólo son de características lineales, sino que implican un recorrido, una transición. Cuestiones proporcionales y relacionales son puestas en juego a la hora de colocarse una nave junto a la otra, donde el vacío juega un rol fundamental a la hora de visualizar una tipología de iglesia de tres naves mucho más precisa.

Incluso, la noción de módulo de crucería de la iglesia gótica es transducida en pliegues que reconstruyen la linealidad transformando la condición transversal del módulo de crucería en condición longitudinal del pliegue continuo.

Church of the Year 2000. Roma, Italia. 1996.
Modelo físico.

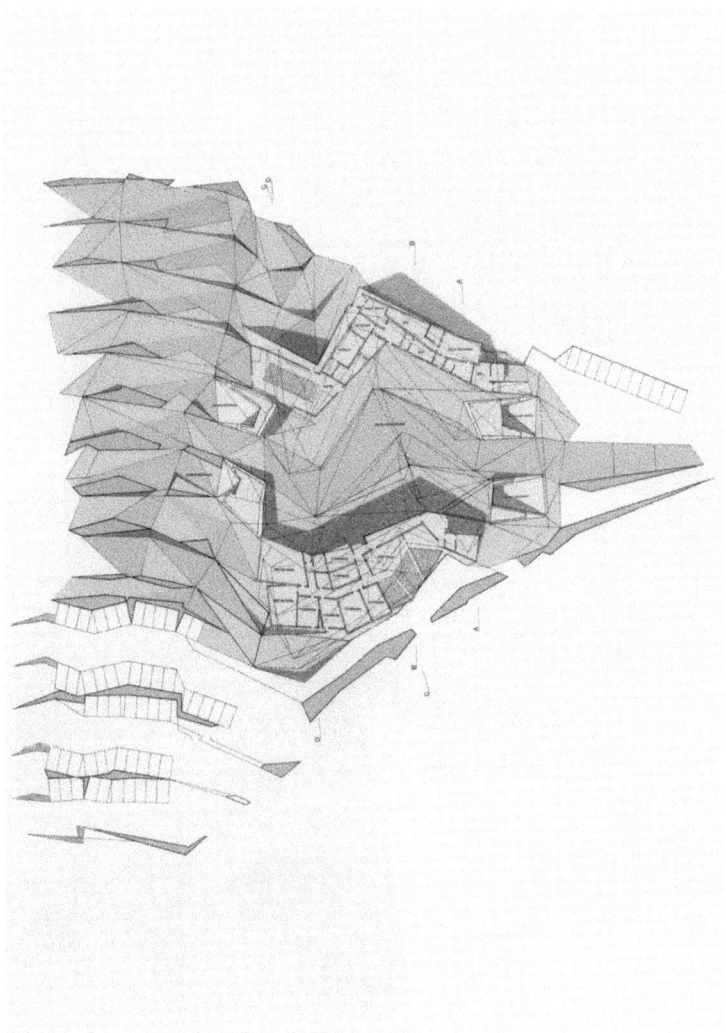

Church of the Year 2000. Roma, Italia. 1996.
Planta del conjunto.

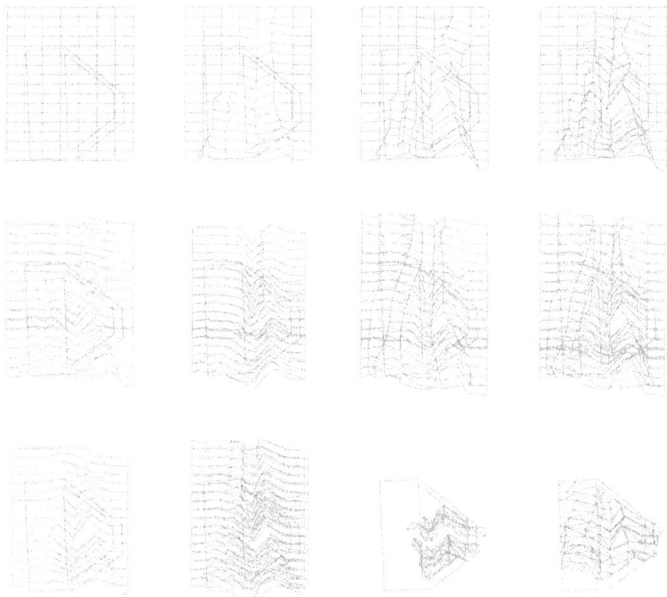

Church of the Year 2000. Roma, Italia. 1996. Diagramas generativos.

Esta tendencia a recurrir a la historia de la disciplina y, más específicamente, a proyectos históricos (junto con sus conceptos), se verá reforzada por estudios específicos de casos históricos. Desde su libro *Diez Edificios Canónicos*, pasando por la investigación y lectura en detalle del proyecto de la *Casa del Fascio* y la *Casa Giuliani-Frigerio*, de Giuseppe Terragni, el magnífico libro con Matt Roman sobre Palladio, *Palladio Virtuel*, y su último *Lateness*, con Elisa Iturbe, que explora la obra de Adolf Loos, Aldo Rossi, y John Hejduk; todos ellos implican una profundización en la Historia desde una actitud absolutamente creativa. En todos estos estudios pareciera haber un renovado interés por la *variación*. Pero no se trata de la variación por la variación que ciertas metodologías digitales (sobre todo durante las décadas de 1990 y 2000) nos presentan por el mero hecho de tener la capacidad de producirlas, sino que estamos en presencia de la variación respecto de la singularidad del caso de estudio. Los diagramas de variación de las casas *Adler* y *De Vore*, de Louis Kahn, presentes en *Diez Edificios Canónicos*, ilustran formidablemente este punto. Primero, el diagrama de la *Casa Adler*, que se presenta como una grilla de nueve cuadros en su estado más primitivo, varía su organización geométrica en un comportamiento organizativo de desplazamiento axial, el cual genera la posibilidad de considerar que la casa puede adquirir una gran variedad de formas organizativas, sin perder por esta razón, su condición de singularidad. Como nos ha explicado ya Rudolf Wittkower respecto de la grilla de nueve cuadros de las villas palladianas (y su patrón geométrico), Eisenman expone su tesis sobre la capacidad de la *Casa Adler* de devenir otras casas. Pero es importante recalcar que estas variaciones son producto de una lectura en detalle del comportamiento organizativo latente en el proyecto. Esto es, la casa no puede volverse, por ejemplo, circular o una torre. Su normativa organizativa determina ciertos tipos de comportamientos y no otros. Luego, algo similar ocurre con la *Casa De Vore*, pero ya no respecto de la grilla de nueve cuadros, sino en función de una axialidad de cinco cuadros. Éstos, factibles de desplazarse normales al eje preponderante de la casa, renuevan la posibilidad de conseguir la novedad por medio de la variación organizativa. La *Casa De Vore* puede ser una franja de cinco celdas perfectamente alineadas o éstas pueden desplazarse y generar desfases sutiles entre ellas, habilitando a la aparición de senderos exteriores.

Estos estudios representan una lectura central a la hora de entender el modo en que algunas plataformas digitales son empleadas hoy en día para el desarrollo de proyecto. Desde las investigaciones sobre simulación de partículas y variaciones de geométrias complejas de Greg Lynn durante la década de 1990 hasta el día de hoy, la variación en el proyecto arquitectónico ha tenido gran cantidad de aproximaciones, sobre todo en el campo de la academia. Eisenman propone, desde el estudio de casos, un modo de aproximación a la variación con mayores restricciones y, por ende, mayor singularidad. El gran problema que enfrentan las llamadas "arquitecturas de la variación" es que al ser posible variaciones tan extremas, carecen de condicionantes que definan al proyecto arquitectónico como significativo y único. Los diagramas de Eisenman sobre las casas *Adler* y *De Vore* apuntan a un desarrollo de la variabilidad proyectiva como instrumento de la singularidad.

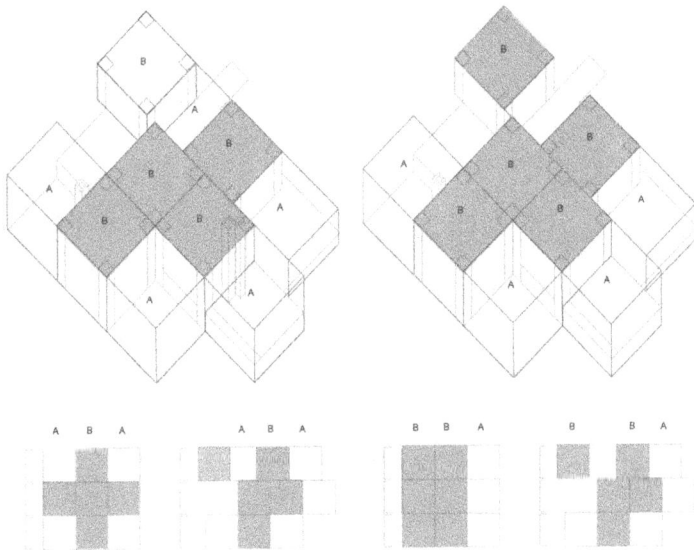

Eisenman, Peter. Ten Canonical Buildings: 1950-2000. New York, Rizzoli. 2008.
Diagramas de la Casa Adler de Louis Kahn.

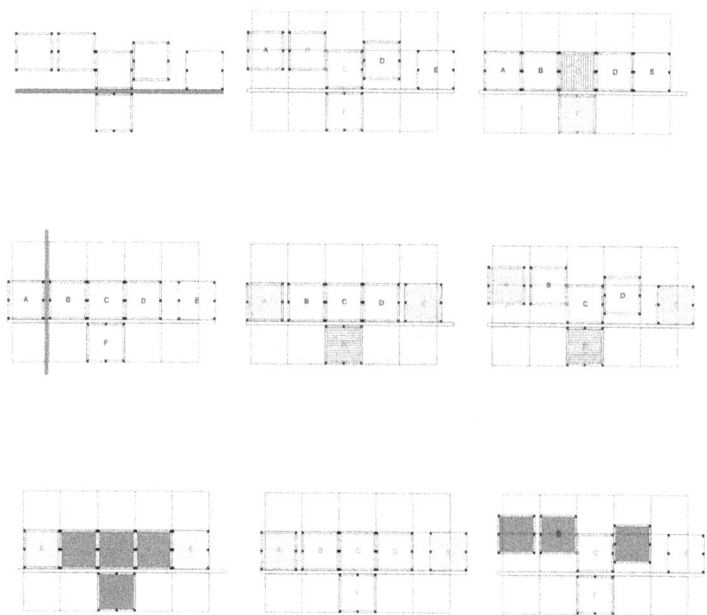

Eisenman, Peter. Ten Canonical Buildings: 1950-2000. New York, Rizzoli. 2008. Diagramas de la Casa De Vore de Louis Kahn.

El problema del comportamiento organizativo ligado a la variación geométrica ha estado presente en el trabajo de Eisenman desde sus inicios; pueden verse diagramas de variación incluso en su tesis doctoral de 1963. Sin embargo, es recién en los estudios sobre las casas de Kahn que esta idea se explicita de un modo absolutamente directo y claro. Incluso, el comportamiento organizativo puede visualizarse trans-históricamente en su comparación entre el edifico *Peter B. Lewis*, de Frank O. Gehry, y la comparativa que hace Eisenman (a la manera de su maestro Colin Rowe) con el *Altes Museum*, de Karl Friedrich Schinkel. La planta central, las naves laterales, las grillas de columnas, todos estos elementos aparecen en ambos proyectos, sólo que pareciera que el *Altes Museum* es un estado más ordenado, claro y perfecto del proyecto de Gehry. Una prueba contundente del poder del linaje histórico sobre el proyecto de Arquitectura.

De alguna manera, Eisenman está demostrando que los estudios proyectuales que él mismo desarrolló para los proyectos de, por ejemplo, Rebstockpark o la *Church of the Year 2000*, donde hacia uso de tipologías edilicias históricas, siguen vigentes y han sido históricamente el material de trabajo de los arquitectos. Esto reafirma a Eisenman como un investigador del proyecto cuyo interés en la historia, la técnica y la teoría siempre han estado en función de profundizar en modalidades de pensar el proyecto arquitectónico. En este caso, la tipología, lejos de representar una estructura congelada de la historia de la disciplina, es el motor fundamental de la creatividad en Arquitectura.

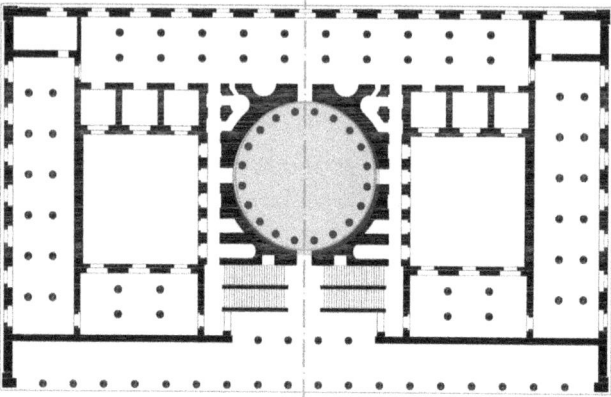

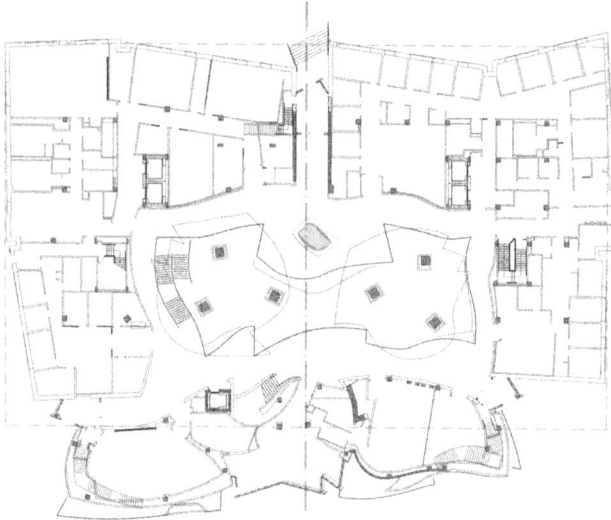

Eisenman, Peter. Ten Canonical Buildings: 1950-2000. New York, Rizzoli. 2008.
Comparativa de plantas entre el Altes Museum de Karl Friedrich Schinkel y el
Weatherhead Administration School de Frank O. Gehry.

Todas las investigaciones históricas de Eisenman son exploraciones proyectivas con un alto grado de inventiva y creatividad. Así como su introducción en otras disciplinas y campos intelectuales son a la manera de un teórico especulativo, en el campo de la historia disciplinar su intervención es similar. Extrae tesis y conceptos (muchas veces implícitos o en estado de latencia en las obras analizadas) y los sintetiza en la discusión disciplinar contemporánea de un modo siempre proyectivo.

04. Superficie

En un momento dado en el devenir de la práctica de *Eisenman Architects* pareciera haberse apoderado de sus proyectos un espíritu de prominente novedad. A diferencia de lo que en una práctica convencional significaría una etapa de consolidación y estabilidad, las décadas de 1990 y 2000 (no es casualidad que sean las décadas de profundización del llamado giro digital) para Eisenman se empalagan de experimentación inventiva. Proliferan las superficies de doble curvatura, superpuestas, transformativas del suelo y el contexto. Superficies plegadas y desplegadas, lisas y estriadas, perforadas, continuas, en capas o extruidas.

En paralelo con la aparición de los libros mencionados anteriormente, en donde las ideas parecieran sintetizarse más y más en conceptos robustos y con una identidad cada vez más singular y autónoma, emergen una serie de proyectos absolutamente novedosos y audaces, desde la facetada y volumétrica cinta de moebius del *Max Reinhardt Haus*, de 1992, hasta las superficies continuas y suaves del *Musée des Confluences*, de 2001.

Musée des Confluences. Lyon, Francia. 2001.
Modelo físico.

Es durante este período que el diagrama integra las ideas sobre la desmotivación del signo junto con la materialidad más concreta. Se trata de un diagrama versátil tanto en su conceptualización como en su geometría y complejidad constructiva. El ejemplo más claro de este devenir y, quizá, el preámbulo más evidente del gran proyecto de Galicia, es la *Eindhoven Railroad Station*, de 1999. Incluso las maquetas de ambos proyectos parecen haber sido hechas con los mismos métodos. Aquí, el diagrama material de la superficie se pliega en función de tergiversar la noción de lo que es suelo y lo que es cubierta, al tiempo que se recorta, por medio de filosas operaciones *booleanas*, al estilo de proyectos como *La Villete* o el reciente *Yenikapi Archaeological Museum and Archeo-park*. Aquello que en el *Biocenter* aparecía absolutamente en primer plano respecto de la indeterminación de las barras, en Eindhoven se traduce en la superficie, la cual, no obstante pareciera múltiple, es una sola. Una sola superficie produce sólo dos pliegues, de los cuales emergen dos trazas cóncavas y tres convexas que podríamos denominar "naves". La nave central es la que permanece autónoma del contexto inmediato, mientras que las dos laterales se extienden hasta recortarse como manzanas tridimensionales aferrándose así a la traza de la ciudad existente, al tiempo que se engordan y aparece programa público en su interior. Esta versatilidad formal, la cual se aboca a la integración de contexto, programa y preexistencias con el sólo gesto geométrico complejo de una superficie, implica una destreza disciplinar de gran síntesis. Los pliegues aparecen como la materialización de un diagrama desmotivado, el cual se despega del signo "estación ferroviaria", tanto como del signo "edificio" o "cubierta".

Eindhoven Railroad Station. Eindhoven, Países Bajos. 1999-2000.
Planta del conjunto.

Eindhoven Railroad Station. Eindhoven, Países Bajos. 1999-2000.
Modelo físico.

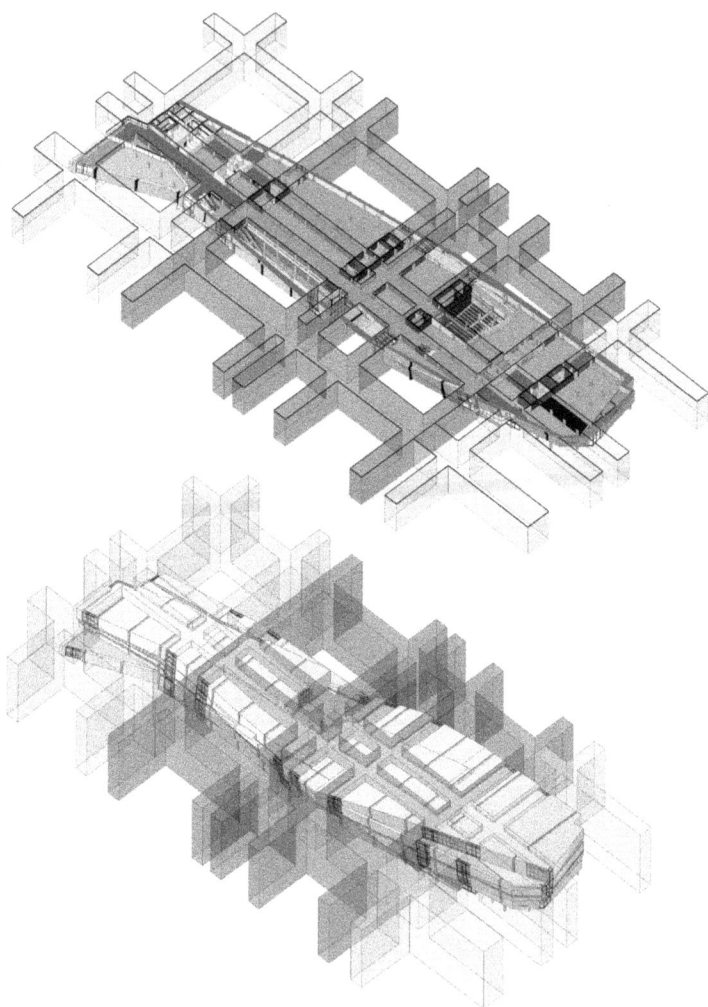

Yenikapi Archaeological Museum and Archeo-park. Estambul, Turquía. 2012 – actualidad.
Diagramas generativos.

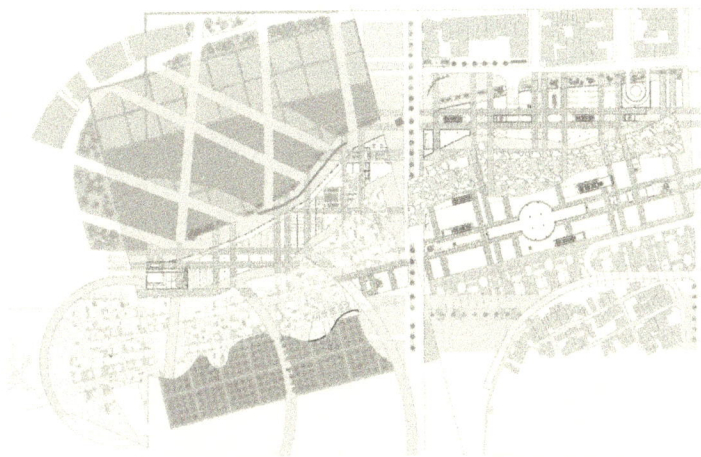

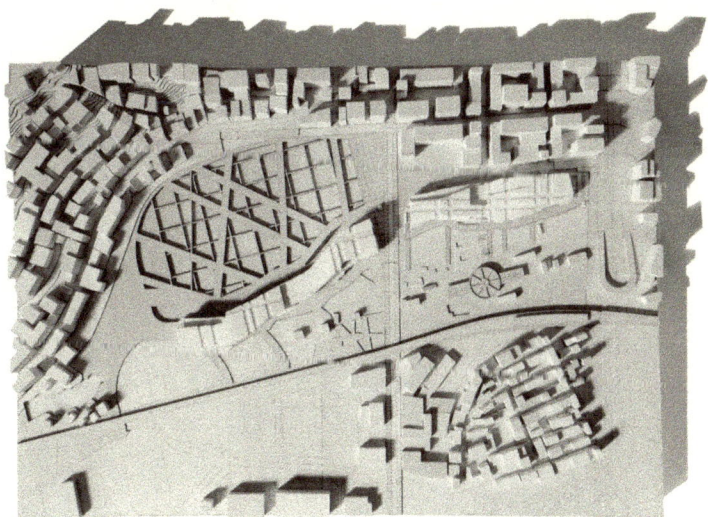

Yenikapi Archaeological Museum and Archeo-park. Estambul, Turquía. 2012 – actualidad.
Planta del conjunto y modelo físico.

Lo destacable de este período es la habilidad de Eisenman de no caer víctima de las tendencias formalistas (blandas) de los arquitectos y oficinas de arquitectura de la época. La emergencia de las herramientas digitales de modelado de aquellos años, incentivaron a la aparición de prácticas hábiles en la generación de formas seductoras pero superficiales respecto de intereses disciplinares reales. Progresivamente, prácticas como las de *Eisenman Architects* demostraron que la aproximación a lo digital debía ser hecha con cautela, precisión y, sobre todo, desde la disciplina arquitectónica. Esto implica, no tanto una habilidad superlativa respecto del manejo del software o de su teorización sino la necesidad disciplinar de construir ideas significativas. Eisenman arriba a este particular momento de la historia disciplinar habiendo incursionado en problemáticas profundas de la Arquitectura, tanto desde la Forma, como desde la Filosofía, la Historia y el Contexto. Es, quizá por esto, sumado a una inagotable energía movilizadora, producto de la problematización del fundacional problema respecto de la abstracción, que la práctica de Eisenman, lejos de verse debilitada por tendencias pasajeras debido a la introducción de herramientas (hasta entonces) ajenas a la disciplina, se fortalece y crece aún más.

05. Síntesis

Los proyectos del *Berlin Memorial to the Murdered Jews of Europe*, de 2005, y la *City of Culture of Galicia*, de 2011, resultan los proyectos testigos del arribo a un estadio de síntesis, tanto conceptual como proyectiva, en la obra de Eisenman. Las etapas de exploración semiológica, investigación filosófica, o riesgos formalistas han quedado atrás. Esto no implica que no exista en el trabajo actual de la oficina un profundo interés por la problematización del campo disciplinar, sólo que esta problematización ahora resulta precisa, enfocada y compacta.

Se da cuenta en la obra reciente de la oficina de Eisenman Architects, un interés por integrar las nociones desarrolladas durante las décadas pasadas en proyecto de una versatilidad mucho mayor. Ya no se buscan argumentaciones desde el campo de la filosofía o de la ciencia en función de dar cuenta de las exploraciones geométrico-formales, sino que se procura una exploratoria más auténtica. Esto es, sin la necesidad de rendir cuentas aclaratorias respecto del procedimiento y sus fines. De alguna manera, se vuelve a los procedimientos sintácticos de las Houses, donde el proceso (que resultaba el centro del proyecto en ese entonces) no requiere de explicaciones lógicas paso a paso, sino que éstas son reconstruidas por el interlocutor.

Los proyectos de esta etapa resultan históricamente relevantes por su vínculo crítico con la historia y la tipología, al tiempo que epocalmente congruentes por su versatilidad proyectual, geométrica y formal.

Berlin Memorial to the Murdered Jews of Europe. Berlin, Alemania. 1998-2005.
Fotografía Eisenman Architects.

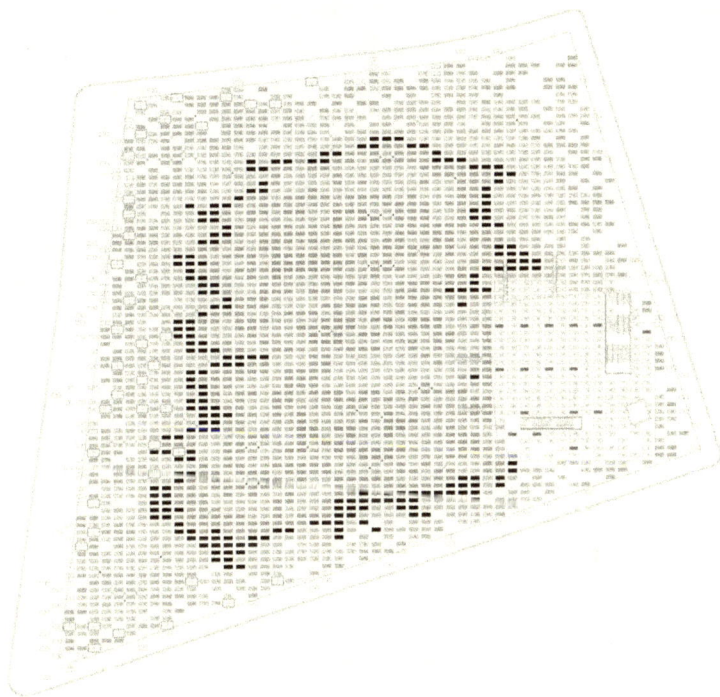

Berlin Memorial to the Murdered Jews of Europe. Berlin, Alemania. 1998-2005.
Planta del conjunto.

La idea de lo sintético aquí alude a dos acepciones del término. Por un lado, la consagración de una arquitectura sintética en su sentido artificial. Los proyectos de Eisenman ahora construyen no sólo forma como diagramas desmotivados sino también su contexto, su suelo. Éstos, además, exploran las posibilidades de las superficies y geometrías complejas que se entrecruzan y trazan vectores sobre la materia. Todo es una construcción arquitectónica. Ninguna decisión es sustentada sobre las prescripciones de un contexto inactivo o de un enfoque objetivamente abstracto.Por otro lado, la idea de lo sintético aquí busca dar cuenta de la cohesión de los conceptos elaborados a lo largo de la historia de la práctica de *Eisenman Architects*. Así como la mayoría de las *Houses* no poseían una problematización respecto del suelo, o algunos de los proyectos de la década de 1980 no problematizaban las superficies, ahora el proyecto de Eisenman integra todas estas ideas en propuestas de una síntesis conceptual muy delicada.

La diferenciación continua en estos proyectos no opera ya como un modo de interpelación de la tipología, sino como un mecanismo de articulación de la misma. Si en proyectos del pasado, la diferenciación continua era el centro del problema como sistema de configuración del proyecto, ahora es parte del proyecto como un mecanismo más para su desarrollo. Es decir, la diferenciación continua deja de ser un aspecto problemático del proyecto de Arquitectura y se acopla al mismo como un instrumento para el desarrollo de una idea que es mucho más profunda.

City of Culture of Galicia. Santiago de Compostela, España. 1999 – actualidad.
Fotografía Eisenman Architects.

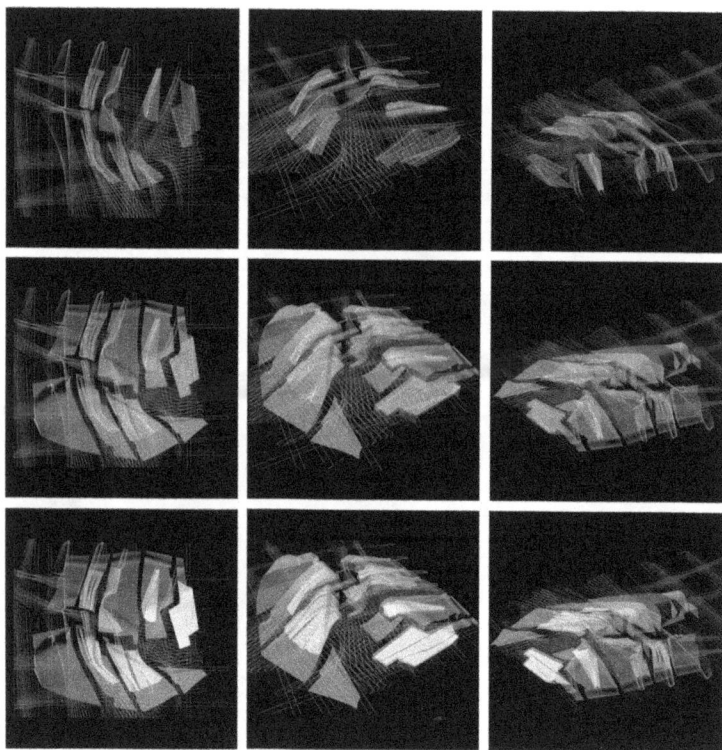

City of Culture of Galicia. Santiago de Compostela, España. 1999 – actualidad.
Diagramas generativos.

City of Culture of Galicia. Santiago de Compostela, España. 1999 – actualidad.
Modelos físicos.

Sin embargo, esta síntesis no tiene un correlato en las formas. Éstas siguen procurando la ruptura, la atomización y crisis de la idea de unidad y estabilidad en el proyecto arquitectónico. Así como a esta intención rupturista se la asoció al deconstructivismo durante la década de 1990, hoy en día, y producto de este proceso de síntesis conceptual, la obra de *Eisenman Architects* se ha vuelto mucho más que la alineación con tendencias o estilos. El deconstructivismo fue superado por una pasión por la inestabilidad disciplinar. Lo que Rafael Moneo denomina "inquietud teórica y estrategia proyectual" no define con exactitud la ética de la práctica de Eisenman, ya que la inquietud no es sólo teórica sino que involucra la disciplina como práctica global; es una inquietud disciplinar. Y si bien la idea de estrategia insinúa un plan maestro, una especie de *masterplan* general, la práctica de Eisenman no opera de ese modo. Es inestable. Procura serlo para poder, a su vez, desestabilizar. Lo que motoriza a los proyectos no parece ser una estrategia sino, más bien, una convicción por lo incierto.

Lo Extraordinario

Estas cinco etapas no agotan, obviamente, el trabajo de Eisenman. Fundamentalmente porque éste sigue avanzando hacia lo incierto. Esta última etapa de supuesta síntesis puede ser la apertura hacia una nueva problemática que involucra el problema de la *armonía*. Sus actuales investigaciones sobre Alberti y el concepto de *concinnitas*, parecieran estar preparando el terreno para una nueva etapa, la cual, posiblemente, implique una relectura y consecuente reformulación de las anteriores. Sus últimos proyectos, que incluyen el *Liget Budapest House of Music*, de 2015, y la propuesta para el *Guggenheim Helsinki Museum*, de 2016, son difíciles de encuadrar en alguna de las categorías anteriormente citadas y, seguramente, el tiempo determinará cómo interpretarlos. Incluso, el reciente *Hadrian's Budapest*, de 2018, aparece como un *Campo Marzio* en miniatura, el cual parece abrazar nuevas ideas respecto del problema de la ciudad planteado por Alberti.

El interés de Eisenman por la disciplina lo ha mantenido al margen de la grandilocuencia. Esto es seguramente debido a la consistencia y coherencia interna de su trabajo, el cual nunca dejó de perseguir la inestabilidad. En un mundo con un contexto cultural en donde la especialización y el libre mercado impulsan a las grandes empresas a ocupar los espacios de poder, la práctica de Eisenman persiste en la problematización por sobre el consumo.

Esto se debe, quizá, a la estrecha relación que la práctica de Peter Eisenman ha tenido entre teoría y práctica. El proyecto nunca está disociado de la problemática conceptual y viceversa. Las razones y argumentos para un buen proyecto nunca son delegadas a una necesidad burocrática, ni a un mérito tecnológico o eficientista. Esto nos lleva a la problemática central en la práctica de Eisenman: *lo extraordinario*.

La práctica conducida por la pulsión por la abstracción de *Eisenman Architects* es la demostración contemporánea de la afiliación a la disciplina. Implica la prueba fehaciente de que lo extraordinario (lo que excede a lo ordinario) es posible;

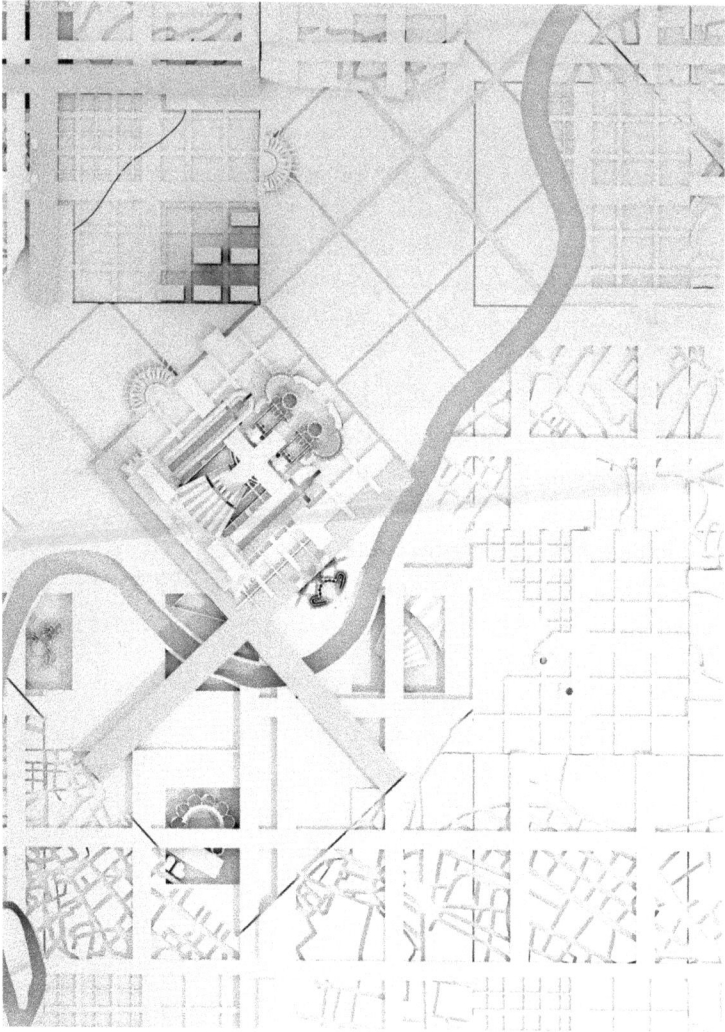

Piranesi Variations.
13th International Architecture Exhibition Venice Biennale, Venecia, Italia. 2012.
The Project of Campo Marzio.
Modelo físico.

Piranesi Variations.
13th International Architecture Exhibition Venice Biennale, Venecia, Italia. 2012.
The Project of Campo Marzio.
Modelo físico.

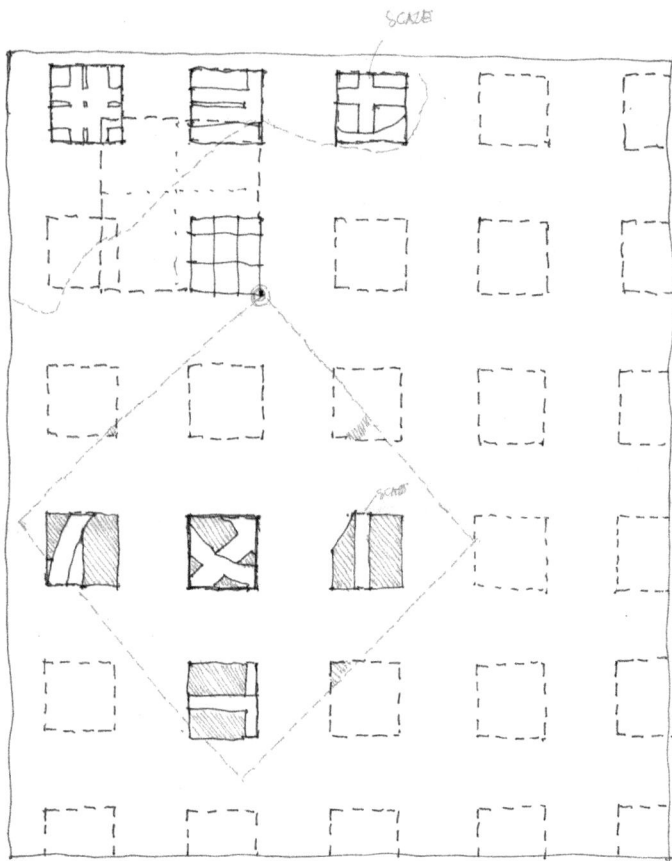

SCALE

DIAGRAMS: FOUR SQUARE
NINE SQUARE
FIELD

3.

SCALES: ORIGINAL CAMPO MARZIO
HINGED SQUARES (TWO SCALES)
NINE SQUARE WITHIN HINGED SQUARE (LARGE)
NINE SQUARE WITHIN HINGED SQUARE/SMALL
FIELD OF SQUARES, FIELD OF POWETH (SCALE?)

Piranesi Variations.
13th International Architecture Exhibition Venice Biennale, Venecia, Italia. 2012.
The Project of Campo Marzio.
Diagramas conceptuales.

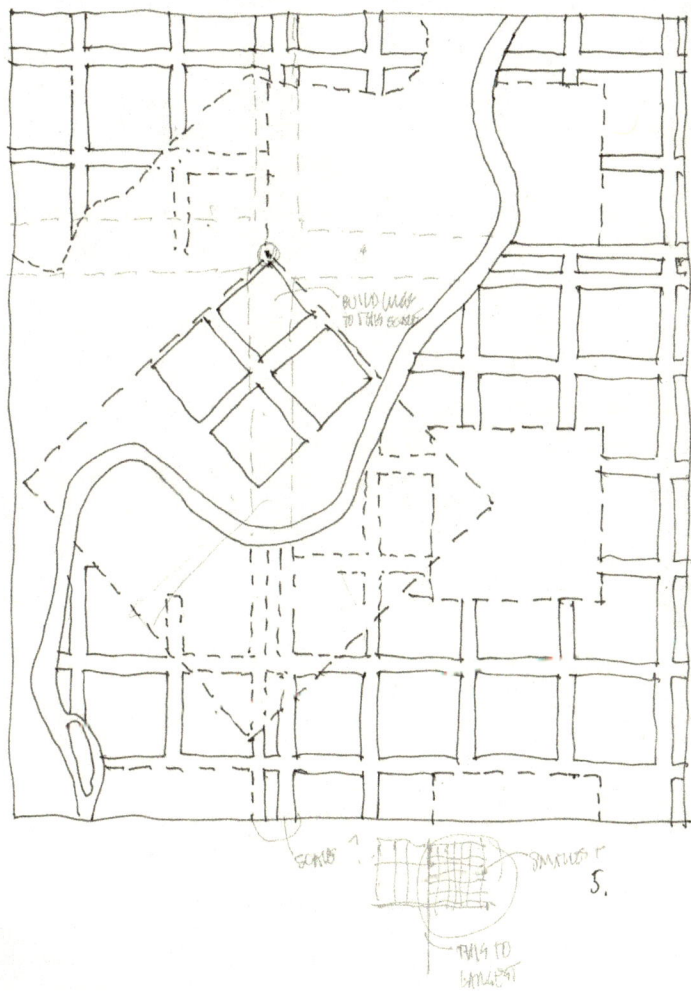

Piranesi Variations.
13th International Architecture Exhibition Venice Biennale, Venecia, Italia. 2012.
The Project of Campo Marzio.
Diagramas conceptuales.

incluso, en una disciplina milenaria y tan establecida como lo es la Arquitectura. Pero es importante tener presente que este no es el camino fácil. Como el mismo Eisenman presentara alguna vez, llevar adelante una práctica es muy distinto que impulsar un proyecto. El proyecto de *Eisenman Architects*, no obstante, al tiempo que es constantemente cambiante es profundamente disciplinar y consistente. Esta consistencia se da, tal vez, por dos convicciones. Por un lado, la inquietud por la *abstracción* y el absoluto convencimiento de que ése es el camino para apropiarse de la disciplina como un instrumento para la transformación, no sólo dentro del campo de la Arquitectura, sino también a un nivel cultural amplio. Por otro lado, vehiculizar estas ideas por medio del *diagrama*, como herramienta central de la discusión disciplinar en torno a la representación, la notación y, sobre todo, al linaje del proyecto de la Arquitectura.

ACTIVITY SEPARATION AT FREQUENCY 1

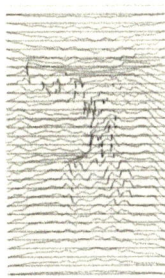

ACTIVITY SEPARATION AT FREQUENCY 2

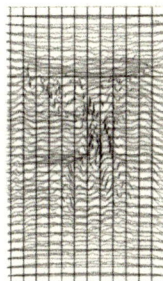

ADDITION OF BOTH FREQUENCIES

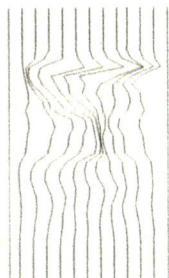

MEMORY TRACE AFFECTING FREQUENCY 1

MEMORY TRACE AFFECTING FREQUENCY 2

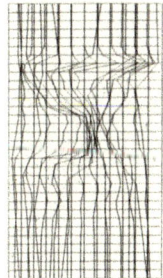

ADDITION OF BOTH MEMORY TRACES

Bibliothèque De L'ihuel. Ginevra, Suiza. 1996-1997.
Diagramas generativos.

Parte 2
Abstracción como Teoría

Sobre la Práctica

Conversación con Peter Eisenman llevada a cabo de manera online el 21 de julio de 2020, para Antagonismos, Revista de Arquitectura

Santiago Miret (SM): *Me gustaría comenzar con algunas preguntas fáciles. La Arquitectura, como sabemos, es inútil en el sentido en que no resuelve nada en el mundo. La Arquitectura no resuelve ningún problema, sino que los genera. La pregunta es: ¿qué tipo de problemas cree que son importantes para la disciplina?*

Peter Eisenman (PE): Bueno, antes que nada, creo que la Arquitectura es importante porque es una disciplina cultural. Y es un reflejo de la actitud cultural de la gente de la ciudad, su religión, etc., en cualquier momento histórico. No creo que cuando Brunelleschi hizo la iglesia en Florencia haya cambiado a la gente que iba a la misa. Y si la misa es siempre la misma que en la iglesia católica, ¿cómo es que tenemos tantos tipos diferentes de iglesias? Entonces, hay algo más allá del funcionamiento de la misa, más allá de la reunión de la gente, porque en todas las iglesias las personas se pueden congregar. Entonces, lo que la iglesia revela es el estado de la cultura de Florencia en los siglos XV y XVI, también podemos colocar la cultura de los países en el flujo de la cultura. Entonces, creo que la Arquitectura es uno de los principales proyectos de cultura. Como dijiste, no resuelve ningún problema, incluso puede crear problemas. Pero es muy importante en la historización de la cultura que entendamos lo que esto puede hacer. Por ejemplo, yo diría que ahora mismo estamos en un punto muy bajo en términos de la relación entre arquitectura y cultura. No creo que la arquitectura sea muy enérgica.

Además, creo que ahora mismo estamos en un período bajo, pero eso pasa, subimos y bajamos. Siempre dije que había dos períodos de diez años cada uno en el siglo XX. De 1923 a 1933 en Berlín, fue un período de cultura muy emocionante y, luego, de 1968 a 1978 en la ciudad de Nueva York, fue un momento increíble en el tiempo para la Arquitectura, pero también para el Cine, la Pintura y la Escultura. En esos dos períodos las cosas fueron muy emocionantes. Ahora mismo, no tenemos lo mismo. De todos modos, ahí está la Arquitectura.

SM: *¿Podría desarrollar problemas específicos que siempre le interesaron a la Arquitectura? ¿Cree que hay problemas en los que la Arquitectura siempre ha trabajado a lo largo del tiempo?*

PE: En primer lugar, la Arquitectura en este momento es un producto de consumo. Esto es: imagen de marca, promoción, todo ese tipo de cosas. Estamos en un momento muy dañino. En otras palabras, las corporaciones están construyendo grandes torres en New York que no son realmente "Arquitectura", no sé cómo debería llamarlas, estos edificios súper altos. Tu compatriota Rafael Viñoly ha hecho uno de los más altos, y ¿es Arquitectura? ¿Se trata de Arquitectura?

Entonces, la verdadera pregunta es, la Arquitectura hace varias cosas; quiero decir, en lugar de sólo edificios planos. La Arquitectura marca el lugar. En otras palabras, si tiene un edificio importante (como un museo, un teatro, alguna función especial), la Arquitectura distingue esa función de otras funciones. Arquitectura como *landmarks*, por ejemplo, se podría decir, fui a París para ver la Torre Eiffel, muchos edificios de Le Corbusier, muchos edificios del siglo XVII. Entonces, las ciudades son repositorios de arquitectura y es importante que parte del turismo sea arquitectura. Cuando construyes una casa, ¿por qué contratar a un arquitecto para construir una casa? Los arquitectos sólo complican las cosas. Pero la gente tiene algo de paciencia con su casa. Muy diferente de comprar un cuadro que contratar a un arquitecto.

SM: *¿En qué está trabajando ahora mismo?*

PE: Estoy trabajando en varias cosas. Concretamente, ahora mismo, porque todo está cerrado en cuanto a proyectos de edificación, etc. tenemos un gran proyecto en el país de Georgia: 2000 viviendas, equipamiento urbano, oficinas, comercios, etc.; que es un gran proyecto de diseño que aún no ha sido presentado; supuestamente está a punto de comenzar en octubre. Ese es uno de los proyectos en los que estoy trabajando. Probablemente sea uno de los proyectos más grandes que he tenido en mi oficina.

Estoy trabajando en terminar un libro sobre Alberti, que es algo que he estado escribiendo y pensando durante mucho tiempo. Estoy usando este tiempo, este verano, para trabajar en Alberti. Acabo de publicar un libro, que salió en *Amazon* el 7 de julio, llamado *Lateness*, una nueva idea teórica en contraposición a la de *avant garde*. *Lateness* es algo que trabaja detrás del *avant garde*, digamos[1]. Y estoy sugiriendo que lo moderno no es solo *avant garde*, sino que lo moderno también es tardío. Es una idea que Theodor Adorno desarrolló en un libro sobre Beethoven sobre estilo tardío[2]. Lo tomo de Adorno y lo traslado a la Arquitectura.

También estoy trabajando en un *studio project* para el otoño que enseño en Yale. Y una de las cosas que me interesan en esta cuestión del *Black Lives Matter* es que creo que la deconstrucción es lo que Jacques Derrida y yo trabajamos juntos en un proyecto, y creo que tiene una segunda iteración. Eso es lo que se llama "poscolonial". Derrida y muchos de sus colegas están interesados en algo que perturbó el *statu quo*. Personas como Homi Bhabha y Edward Said lo han retomado al hablar de lo poscolonial como un tercer espacio. Lo que ahora estoy tratando de hacer es tomar un proyecto en New Haven, donde se encuentra Yale, que se encuentra entre la estructura de la universidad y la estructura individual de la universidad. Estoy trabajando en algo que llamaría un "sentido liminal", los espacios entre una estructura y otra. Lo poscolonial de lo que está hablando de otra cosa, en lugar de enfocarse en la relación de amo y sirviente, como si fuéramos amos de América Latina. Tratamos a los latinoamericanos como gente menor, que es lo que siempre ha sido la situación estadounidense. Me propongo superar

1. Eisenman, P y Iturbe, E. (2020). *Lateness.* Estados Unidos, Princeton University Press.
2. Adorno, T. (1998). *Beethoven: The Philosophy of Music.* Polity.

eso, y superar el racismo de cualquier tipo, superar la actitud colonial produciendo lo que se llama un "tercer espacio". Esto es, posicionarse entre el bien y el mal, entre lo blanco y negro, entre la dialéctica. Es un nuevo tipo de pensamiento en el que estoy trabajando, que supuestamente tomará la forma de un nuevo resultado en el otoño.

Entonces, estoy enseñando, estoy escribiendo y estoy construyendo. Creo que esas cosas se supone que debe estar haciendo un arquitecto.

SM: *Bueno, ha mencionado el libro sobre Alberti en el que está trabajando. ¿Podría explicar por qué está particularmente interesado en el término* concinnitas? *y ¿cuál es su relación con la contemporaneidad y la armonía de la disciplina tal y como la entendemos hoy?*

PE: Vitruvio dijo "comodidad, firmeza y deleite", y Vitruvio era el modelo de Alberti. *Los Diez Libros* de Alberti son una crítica a *firmitas*, el latín para firmeza o estructura. Y lo que Alberti dice en su libro es que *firmitas* no significa que la Arquitectura deba mantenerse en pie, sino que la Arquitectura debe parecer que se mantiene en pie. La Arquitectura, siguiendo la idea de Alberti, es siempre el signo y la cosa. La columna, digamos, y el signo de la columna. Lo que luego viene de Alberti y Brunelleschi, a través de la perspectiva, es que el modelo original de la dialéctica del sujeto-objeto y lo que siempre nos ha preocupado en Arquitectura, nos demos cuenta o no, es la dialéctica sujeto-objeto.

Concinnitas habla de la noción de la parte al todo como armonía, como dijiste. Lo que estoy tratando de hacer es decir que Alberti en realidad critica la idea de la parte y el todo en su trabajo. Estoy tomando cinco edificios bajo el término *concinnitas*. Cuando los miras puedes ver que hay una interrupción en la relación de la parte con el todo que luego me lleva a lo poscolonial. Debido a que el todo es lo dominante y la parte es sumisa, existe la dialéctica. Lo que estoy sugiriendo es que ahora hay una situación trialéctica, una parte al todo y una situación intermedia.

Entonces, estoy trabajando en la situación intermedia que podemos llamar "liminal", como un nuevo tipo de *concinnitas*. Eso es… en resumen (risas). Si no hemos conseguido ya que toda tu audiencia se haya ido, seguramente se irán después de eso (risas).

De todos modos, ahí es donde está mi trabajo. Estoy trabajando en un texto durante los últimos años que es el devenir desmotivado del signo. Lo que estoy diciendo es que los signos tienen una motivación, ya sabes, un significado. Y esos significados te dan esta idea de lo colonial como opresor/oprimido. Siempre hay un sujeto arriba y otro abajo. Lo que dice el pensamiento poscolonial es que hay una tercera idea de que la experiencia no tiene nada que ver con la presencia y la ausencia. Una trialéctica en contraposición a una dialéctica. Fue Alberti quien inició la idea dialéctica. Antes de Alberti no había dialéctica en la Arquitectura, no había sujeto-objeto, no había parte y totalidad.

Lo que estoy tratando de hacer, de una manera radical, es superar la idea de la parte y el todo, la dialéctica sujeto-objeto, para construir otro discurso. Por ejemplo, en la filosofía de Hegel. Él propone el proyecto dialéctico de la síntesis. Ésa es una manera de ver la dialéctica hegeliana, esto es, síntesis como armonía. Ahora bien, lo que también se puede observar en la dialéctica hegeliana es el ser, no ser y, en un tercer término, como un devenir.

Y en eso estoy trabajando en un ensayo sobre el devenir desmotivado del signo. Es decir, ya no la síntesis en clave modernista e idealista, y la necesidad de unir las cosas y resolver las cosas. Estoy tratando de sugerir que necesitamos una forma de pensar la dialéctica que no haga que las cosas funcionen. Eso no produce *concinnitas*, que es jerarquía. Si seguimos pensando en términos de jerarquías, vamos a seguir como Estados Unidos/Argentina, como dialéctica. Y necesitamos una tercera condición, que es en lo que estoy trabajando. Ahí es donde está mi cabeza.

SM: *Eso es genial. Entonces, en cierto sentido, está tratando de superar la idea de* concinnitas *tal y como la postuló Alberti.*

PE: Sí. Ese término tiene más resonancia hoy que en el siglo XV, esa idea de "la parte y el todo". Cuando un estudiante explica un proyecto, siempre explica cómo esta sala se relaciona con esa otra sala, cómo el edificio se relaciona con el contexto, y siempre es relacional y dialéctico. Es decir, dos términos, el suelo y la figura, por ejemplo, el suelo y luego una figura. Esta es una relación dialéctica. Lo que digo es que tenemos que intentar darnos cuenta de que lo que hemos estado haciendo, la situación dialéctica, siempre ha sido una idea respecto de lo dominante y lo menos dominante.

SM: *Si lo desea, podemos continuar y abordar el tema central de esta entrevista.*

PE: Si me dices que hay otro tema central además del que acabamos de hablar, eso va a ser difícil (risas).

SM: *¡Eso fue sólo el precalentamiento!*

PE: ¡Vaya! Okay (risas).

SM: *Podemos decir que la abstracción es algo que siempre le interesó. El nacimiento de la abstracción, la forma en que la abstracción puede potenciar la disciplina, cómo la abstracción se vincula con la semiótica³, acaba de hablar sobre el signo, cómo se desarrolla la relación entre lo real y lo actual, etc. ¿Sería correcto decir que es su gran guerra? ¿Contra lo fenomenológico, en primer lugar, pero respecto de la subjetividad en general y todas las demás variables de la disciplina? Si es así, ¿podría explicar la razón fundamental de esto?*

PE: Dejame decirte. El devenir desmotivado del signo, la desmotivación del signo, es decir, quitarle su significado, es abstraerlo. En otras palabras, los signos sin significado son básicamente abstracciones. Estoy trabajando en una abstracción no dialéctica. Anteriormente estaba haciendo sólido/vacío, blanco/negro, figura/suelo, columna/pared, y ahora estoy tratando de trabajar en otra actitud para la abstracción que llamo "trialéctica", digamos. Tres términos. Esa es la desmotivación del signo. Un signo desmotivado es un signo abstracto, nunca pueden "ser", sólo pueden "devenir".

---

3. Podemos encontrar una muy precisa descripción de la semiótica en el trabajo de Eisenman y su vínculo con las ideas de Charles Peirce en Eisenman P. (2010). The DIagram and the Becoming Unmotivated of the Sign. En García M. (Ed.), *The Diagrams of Architecture*. West Sussex: Wiley & Sons.

Me interesa la abstracción, pero no un modo sintético de abstracción, sino un modo fragmentario de abstracción. Hacia ahí es hacia donde mi trabajo se está moviendo. Y se ha estado moviendo en los últimos años. El proyecto de Yenikapi[4] que hicimos en Turquía, cancelado por motivos políticos, es un proyecto fragmentario. El proyecto en Santiago[5] es una abstracción muy fragmentaria; quiero decir, era un tipo de abstracción muy diferente. Éstos son proyectos que son abstractos, pero no de una manera modernista. Los consideramos desde esta idea poscolonial que es el devenir de la trialéctica.

SM: ¿Y por qué cree que la abstracción es el camino a seguir? ¿Por qué cree que la abstracción es la forma de hacer las cosas?

PE: Desmotivar signos es ciertamente importante. Como se ven las cosas, puede que no sea una abstracción. Lo que estoy tratando de decir es, digamos, una cubierta a dos aguas. ¿Por qué debería usar una cubierta a dos aguas en lugar de un techo plano? Debido a que una cubierta con pendiente es un signo motivado de domesticidad, no se trata de una combinación de una casa ni nada. Parece una casa, en otras palabras. Lo que estoy tratando de hacer es deshacerme de aquello que parece una casa, en una casa, si es que estoy haciendo una casa. No quiero un signo de domesticidad del hogar. Hay una gran diferencia entre una casa y un hogar. En lo que he estado

4. Yenikapi Archaeological Museum and Archeo-park. Istanbul, Turkey. 2012 - current.
5. City of Culture of Galicia. Santiago de Compostela, Spain. 1999 - current.

trabajando es en superar los signos de la domesticidad. Eso es desmotivar el signo del techo. Sea una abstracción o no, eso es otra cosa. Lo que sugiero es que su razón de ser es que ya no tiene el significado de lo doméstico.

SM: Ya que menciona eso, podemos decir también que hubo un interés en su trabajo con la forma desde el principio. Puede que sea su primer proyecto. Haciendo referencia específicamente a la serie de Houses *y el problema del signo[6], junto con el problema de los fundamentos de la forma que aborda en su tesis doctoral[7], la pregunta es: ¿es correcto decir que lo formal puede ser el problema fundamental en la Arquitectura?*

PE: No me gusta decir que nada es fundamental. Eso es lo que estamos tratando de superar. Eso habla del ideal utópico original, etc. Esas son ideas de las que me estoy tratando de alejar. Cuando hice *The Formal Basis of Modern Architecture*, no obstante allí no lo digo, creo que trabajada con una idea universal. Eso aplicaba a todos, ya sea Le Corbusier estudiado en mi tesis, o Frank Lloyd Wright. Aplicaba a cualquiera y, por lo tanto, es universal. Este es un error que cometí; no hay nada fundamental ni universal. Y me daba la impresión de que lo formal estaba más allá de lo cotidiano, más allá de los fenómenos, etc.

Ya no creo eso. El trabajo que estoy tratando de hacer va a ser abstracto, pero no por razones estilísticas modernistas sino para superar el significado. Cuando veas *Lateness*, verás

---

6. Ver Eisenman, P. (1987). *House of Cards*. Oxford University Press.
7. Eisenman, P. (2018). *The Formal Basis of Modern Architecture*. Lars Müller Publishers.

un análisis de Adolf Loss, Aldo Rossi y John Hedjuk. Y esos análisis apuntan, no a la abstracción en sentido moderno, sino a una comprensión tardía de la abstracción modernista. Si miras a Adolf Loos no es un arquitecto modernista. O si miramos la *Wall House*, de John Hedjuk. La *Wall House* no es una casa modernista. Es una abstracción formal, pero es lo que yo llamo forma tardía. Lo mismo con Rossi, en Gallaratese, o en el cementerio de Modena. Esta forma de ver a estos autores rompe con la idea que tú articulaste de que la forma es una idea fundamental. En esta afirmación que hice lo que estoy diciendo es que esto no es un error que quieras cometer.

SM: *Ok, no lo haré. Intentaré no hacerlo. Ya que menciona a Derrida, lo que más me gusta de su proyecto del suelo, con proyectos como* Cannaregio[8] *y* La Villette[9], *fuertemente influenciado por su relación con los escritos de Derrida, es la forma en que sus proyectos construyen sus propios contextos10. El contexto, entonces, no es algo ajeno al proyecto, con lo que tiene que relacionarse. Mi pregunta es, y está probablemente relacionado con sus estudios del* Campo Marzio *de Piranesi[11], ¿cómo se relaciona la idea de la huella con la invención?*

PE: La huella es un concepto derridiano muy importante, pero existe en Arquitectura mucho antes. Cuando fui por primera vez con Colin Rowe y miramos la primera villa palladiana (nunca había visto una villa palladiana), y Rowe dijo "Parate

8. Cannaregio Town Square. Venice, Italy. 1978.
9. La Villette. Paris, France. 1987.
10. Ver Eisenman, Peter and Derrida, Jacques. Chora L Works. The Monacelli Press. 1997.
11. Piranesi Variations. 13th International Architecture Exhibition Venice Biennale, Venice, Italy. 2012.

frente a esa villa y dime algo que está allí que no puedo ver".
Esto es, traer al frente lo conceptual por sobre lo perceptual.
Aprendí una gran lección de eso. Las huellas son de hecho lo
que no está, lo que se puede pensar y concebir, pero que no se
ve. Para mí, el concepto de "huella" en Arquitectura es algo
con lo que el arquitecto se ha estado ocupando desde Palladio.
Fue uno de los primeros, diría yo, en asumir la idea de lo que
ahora llamo "virtual". No sé si has visto el trabajo que hice en
Palladio[12].

SM: *Sí, lo hice.*

PE: Es un libro interesante. Es en parte *mea culpa*, digamos.
Repensar Palladio.

SM: *Tengo algunas preguntas específicas sobre eso.*

PE: ¿Cree que cuando la gente lea esto, entenderá de qué
diablos estamos hablando? (risas).

Quiero decir, tienes una muy buena comprensión de mi trabajo
y tus preguntas son muy agudas, pero tengo la sensación de
que cuando alguien lea esto pensará: "¿Qué le pasa a esta
gente?".

SM: *Yo diría que esa sería una buena reacción (risas). Cambiando de
tema, quería preguntarle acerca del proyecto del pliegue que está presente en
su trabajo durante la década de 1990 relacionado con teorías deleuzianas
y la aparición del formalismo digital, con proyectos como* Rebstock

12. Eisenman, P. (2015). *Palladio Virtuel.* Yale University Press.

Park[13] *y la* Bibliothèque De L'ihuel[14]. *Es particularmente interesante para mí debido al hecho de que si bien ese período de la Arquitectura se relaciona con frecuencia con algún tipo de formalismo débil, su trabajo siempre se ha diferenciado de esta tendencia recurriendo a la historia de la disciplina. Es decir, el* siedlungen *alemán en* Rebstock Park15, *Mies van der Rohe en la* Spree Dreieck Tower[16], *la tradicional celebración religiosa en la* Year 2000 Church[17], *entre otros varios casos. ¿Podría explicar cómo la tradición, en los términos que la expone Robert Venturi18, impacta y amplía su trabajo?*

PE: Cuando hablas de tradición... Siempre supuse que mi trabajo había estado en el pasado. Digamos, dentro de la tradición formal, dentro de una cierta tradición abstracta o clásica. Mi interés por las iglesias, digamos en Roma. Hay una predilección por ciertas ideas muy específicas en las que estoy interesado. No estoy interesado en la pintura manierista

13. Rebstockpark Masterplan. Frankturt am Main, Germany. 1990-1992.
14. Bibliothèque De L'ihuel. Geneva, Switzerland. 1996-1997.
15. Eisenman Architects, Albert Speer & Partner and Hanna/Olin. Frankfurt Rebstockpark: Folding in time. Prestel. 1992.
16. Spree Dreieck Tower. Berlin, Germany. 2000.
17. Church of the Year 2000. Rome, Italy. 1996.
18. Robert Venturi cita a T S Eliot cuando dice: *"Yet if the only form of tradition, of handing down, consisted in following the ways of the immediate generation before us in a blind or timid adherence to its successes, 'tradition' should be positively discouraged (...) Tradition is a matter of much wider significance. It cannot be inherited, and if you want it you must obtain it by great labour. It involves, in the first place, the historical sense (...). This historical sense, which is a sense of the timeless as well as of the temporal and of the timeless and temporal together, is what makes a writer traditional, and it is at the same time what makes a writer most acutely conscious of his place in time, of his own contemporaneity (...) No poet, no artist of any kind, has his complete meaning alone"*. Ver Venturi, Robert. Complexity and Contradiction in Architecture. New York, The Museum of Modern Art. 1977.

o barroca. Por ejemplo, si se toma la división florentina en el siglo XV entre *disegno y colore*[19]. *Disegno* es un proyecto de vanguardia, abstracto quizás. *Colore* es amorfo, de bordes suaves. Siempre he sido una persona del *disegno*.

Los artistas que me gustan, como Pontormo[20], Bronzino[21] son artistas de bordes marcados, de larga data. A diferencia de los artistas de Venecia, que trabajan con bordes suaves, alrededor del siglo XVI más o menos. Puedo decir que formo parte de muchas tradiciones.

Recuerdo que intenté conscientemente seguir esas cosas. Estoy muy interesado en Bramante, digamos, o Raphael. Nunca enseño Miguel Ángel porque creo que le interesa la experiencia y el sentimiento. A Rafael le interesa la abstracción, *El Fuego*

19. Durante el siglo XV en Italia, hubo una rivalidad entre dos enfoques estéticos de la pintura, referidos por las palabras italianas *colore* (color) y *disegno* (diseño o dibujo). Durante este período estos estilos estéticos tenían fuertes asociaciones regionales, en este sentido *disegno* se asoció con el centro de Italia (más comúnmente Florencia) y *colore* con Venecia y sus paisajes húmedos.
20. Jacopo Carucci (24 de mayo de 1494 - 2 de enero de 1557), también conocido como Jacopo da Pontormo, Jacopo Pontormo o simplemente Pontormo, fue un pintor y retratista manierista italiano de la escuela florentina. Su trabajo representa un profundo cambio estilístico de la tranquila regularidad de la perspectiva que caracterizó el arte del Renacimiento florentino. Es famoso por su uso de poses entrelazadas, junto con una perspectiva ambigua; sus figuras a menudo parecen flotar en un entorno incierto, libres de las fuerzas de la gravedad. (extraído de Wikipedia).
21. Agnolo di Cosimo (17 de noviembre de 1503 - 23 de noviembre de 1572), también conocido como Bronzino o Agnolo Bronzino, fue un pintor manierista italiano de Florencia. Su apodo, Bronzino, puede referirse a su piel relativamente oscura o cabello rojizo. (extraído de Wikipedia).

en el Borgo, por ejemplo, para mí es uno de los más grandes cuadros. Cuando fui al Vaticano por primera vez, nunca fui a la capilla de Miguel Ángel, la pasé por alto. Entonces, en cierto sentido, tengo un tipo de trayectoria radical que está inscripta en una cierta tradición, pero se superpone. Si miras a Venturi en *Complejidad y Contradicción*, hay ciertas iglesias que él mira y que yo miro. Luigi Moretti, por ejemplo, es uno de sus favoritos y, para mí, es uno de los más grandes arquitectos. Pero, también, Robert Venturi y yo tenemos tradiciones diferentes. Hay superposiciones, pero creo que somos muy diferentes.

SM: *Durante la década de 2000 es cuando publicó los libros más hermosos sobre el estudio de obras de arquitectos recientes. Primero, con el libro de Giuseppe Terragni, tan esperado,* Transformations, Decompositions, Critiques[22] *y, luego, con el fantástico* Ten Canonical Buildings[23]. *La idea de lo canónico tal como la extrae de Bloom es revolucionaria. En el libro, insinúa que un edificio canónico es aquel que incluye, en estado de latencia, multiplicidad de edificios. ¿Existe la posibilidad de novedad en la intensificación o, como dijo Rafael Moneo, extrapolación de estos estados de latencia?*

PE: Para mí, "canónico" significaba algo fuera del pensamiento estructural normal. Un significado canónico tan ajeno a su época que adopta una actitud diferente. Eso es lo que lo hizo canónico. No es un canon como la tesis

22. Eisenman, P. (2003). *Giuseppe Terragni: Transformations, Decompositions, Critiques*. Nueva York, EEUU: The Monacelli Press.
23. Eisenman, P. (2008). *Ten Canonical Buildings: 1950-2000*. Nueva York, EEUU: Rizzoli.

central, es el canon en el borde. Creo que es muy similar a lo que se refiere Bloom. Los edificios seleccionados fueron de Rem Koolhaas, Daniel Libeskind, las casas *Adler* y *De Vore* de Louis Kahn, entre otros. Son una manifestación canónica en el sentido en que nada parecido vino después de eso. La biblioteca de Louis Kahn es un proyecto impresionante, nada para mí ha igualado eso.recogí estos edificios porque funcionaron para mí como canon en este sentido. Ahora hablo de *Lateness*. Eso es lo que pensaba cuando estaba haciendo ese libro, pero ahora lo que creo es que fueron un canon tardío.

Yo diría que los diagramas que salen de Palladio, salieron de *Ten Canonical Buildings*. Me gustaría pensar que los diagramas en Palladio son diferentes a los que han estado en *The Formal Basis* o en *Ten Canonical Buildings*. Fueron, hasta este último libro, la manifestación tardía de los esquemas. Creo que los diagramas son muy interesantes. El libro de Palladio para mí es un libro muy interesante, trabajé muchos años en eso. Yo diría que esos diagramas provienen directa o indirectamente de *Ten Canonical Buildings*.

SM: *Creo que los proyectos en Berlín[24] y Galicia son una síntesis perfecta de forma, trazo, pliegue y superficie. Esto me interesa centralmente por su preocupación por la posibilidad de superar el espacio homogéneo. De hecho, en su libro sobre Palladio, afirma que hay un desplazamiento en la obra de Palladio, del espacio homogéneo señalado por Alberti a un espacio heterogéneo en sus villas debido a una serie de superposiciones que*

24. Berlin Memorial to the Murdered Jews of Europe. Berlin, Germany. 1998-2005.

aparecen de manera diferente en cada villa[25]. ¿Podría dar más detalles sobre esto? Es decir, ¿qué entiende por espacio homogéneo y heterogéneo, y por qué es un tema necesario para la disciplina?

PE: En primer lugar, si nos remontamos a Alberti, fue el primer arquitecto teórico que utiliza el término "espacio" en su discurso; eso no se menciona en Vitruvio. Nadie habla de espacio hasta que llegamos a Alberti. La idea de espacio de Alberti comienza como un espacio homogéneo y termina como algo diferente a lo homogéneo. Lo que quiero decir con eso es esto: si tomas el espacio como un vacío y no está articulado por su borde, digamos, de alguna manera es homogéneo. Te mueves de aquí para aquí. Pero quizá hay algunas huellas. Un espacio heterogéneo tiene huellas en él, de historia, de otros edificios, de otras ideas teóricas. No son visibles, pero son conceptuales. Le Corbusier en varias de sus casas utiliza un sentido de lo que llamamos espacio denso, en contraposición a disperso. El espacio disperso no está poblado por muchos rastros. Es básicamente homogéneo.

Si miramos el diagrama *Dom-Ino*, al que dedico un largo ensayo, hay huellas de este devenir que la convierten en una obra tan canónica[26]. Porque el espacio es denso. Aunque no puedas ver nada en él, está superpuesto por varias matrices que Le Corbusier entendió. Lo mismo ocurre con el espacio de Palladio. Donde no se obtiene un espacio denso, ni un espacio homogéneo, es en Mies. Mies no calibra el espacio de

---

25. Eisenman, P. (2015). *Palladio Virtuel.* Yale University Press.
26. Eisenman, P. (2014). "Aspects of Modernism: Maison Dom-ino and the Self-Referential Sign", en *Log N° 30*, pp. 139-151.

una manera densa. Si entiendes que hay una diferencia entre
Le Corbusier y Mies, digamos Palladio y Brunelleschi, esto es
en un espacio heterogéneo y uno homogéneo... ¡No puedo
hacerlo mejor que eso! (risas).

Cuando miras a Palladio, sabes que hay algo más que el ser
físico, hay más. Eso es lo increíble para mí de la Arquitectura,
es esa idea. Por ejemplo, en la pintura moderna, digamos, hay
un Jasper Johns, que pinta una bandera estadounidense, pero la
bandera estadounidense no es de la proporción correcta de la
bandera estadounidense real[27]. Es una bandera estadounidense
en un lienzo y hay una diferencia entre el borde real de la
bandera y el borde de la pintura de Johns. Eso crea en el borde
esa diferencia, lo que yo llamo "tensión en el borde". Es decir,
hay una densidad en el borde. Eso es lo que hace que la pintura
de la bandera sea emocionante, es que no es la bandera, es
algo así como la bandera. Entonces, hay una tensión en los
bordes. Entonces, en lo que estos post-abstraccionistas están
interesados es en desplazarse del centro a la periferia, la
tensión del borde, la densidad.

La Arquitectura Moderna, básicamente en Le Corbusier, la
rampa en Poissy, toma al espectador del centro y lo traslada
a la periferia, por lo que hay una sensación de alejamiento,
descentralización de la pintura. Ahí es cuando el espacio
heterogéneo en oposición al espacio homogéneo está en juego.

---

27. Flag es una pintura encáustica del artista estadounidense Jasper Johns.
Creado cuando Johns tenía 24 años, dos años después de haber sido dado
de baja del ejército de los EE. UU., esta pintura fue la primera de muchas
obras que, según Johns, se inspiraron en un sueño de la bandera de los
EE. UU. en 1954 (extraído de Wikipedia).

SM: *Es bueno escuchar eso, porque esto significa que no es sólo una cuestión de forma lo que define lo que es heterogéneo, es más que eso. No sólo conceptual, sino que tiene que ver con relaciones, proporciones, e incluso armonía.*

PE: Correcto.

SM: *No sé si esto tiene que ver exactamente con esto, pero una vez dijiste que Mies era griego en el sentido tradicional y Le Corbusier era romano.*

PE: Eso es correcto. La Arquitectura Griega es una arquitectura más larga y la Arquitectura Romana es una arquitectura muraria. No olvides que Vitruvio es griego, Alberti es romano. Alberti dice que una columna es decoración y es la pared la estructura. Y cuando miras a Mies y la Arquitectura Griega, siempre están en diagonal, desaparece hacia el borde. Mientras que Le Corbusier era frontal, existe esta sensación de compresión sobre el frontal, y esa es la diferencia con Mies. Mies es periférico y Corbu es plano.

Lo que tenemos que hacer cuando enseñamos y hablamos de estas cosas es hacer que la gente entienda, que un estudiante normal entienda lo que es y poder ver eso. Siempre expongo, cuando enseño eso, que ver como arquitecto es una experiencia muy diferente que ver como alguien que pasea por ahí. No puedo enseñar a ver a las personas que no son arquitectos. Simplemente se lo pierden. De eso se trata la disciplina, esa actitud de ver.

SM: *Hablamos mucho sobre Palladio, pero tenía curiosidad por una cosa más. Me interesa el cambio que propone en el libro de lo ideal a lo* *virtual, que se centra en las relaciones y no en una condición u otra; trae el concepto de "variación". Es decir, el diagrama no sólo como proceso sino también como variación en la relación con las partes. Las villas como resultado de una serie de variaciones. ¿Cree que la variación es una forma posible de que el proyecto emerja como algo nuevo?*

PE: No conceptualizo en variaciones. Quizás lo que estoy haciendo ahora suena más cercano a la variación. Si la variación, como la expones, se opone a la armonía, puede ser. Quiero decir que la variación puede ser armonía. Estoy trabajando contra la armonía, la síntesis, etc. Si es esa parte de la variación, entonces digo que sí. Pero rara vez para mí se trata de decir sí o no. Lo pondré en mi *thinking box*.

SM: Bueno, estamos llegando a una hora de charla. ¡Pasó tan rápido! Pero quería cerrar con una pregunta más. Creo que el diagrama Dom-Ino *es el último gran diagrama de la Arquitectura. En su ensayo sobre el* Dom-Ino *de Le Corbusier, donde expone el sistema* Dom-Ino *como un diagrama, me atrevo a decir que ha expuesto qué es la abstracción en Arquitectura y, aún más, lo que significa la Arquitectura. En este sentido, ¿cree que hay un diagrama de Arquitectura más reciente desde el de Le Corbusier, que tenga ese nivel de síntesis disciplinar en el sentido de que puede definir qué es la Arquitectura?*

PE: No puedo responder esa pregunta en este momento. Sé que no puede ser sintético, en primer lugar. Debe ser heterogéneo, no sintético. Estoy trabajando, por ejemplo, en Alberti, en el *Tempio Malatestiano*, trabajando con una idea que viene de la deconstrucción del suplemento. Esa parte que es "parte del todo" pero que está "fuera del todo". Hay una idea muy interesante de Derrida sobre el suplemento. Pienso que hay una condición de parte, que es parte del todo, pero fuera de ese todo. Deberías buscarlo en Derrida, es realmente interesante.

Cuando Alberti estaba trabajando en el *Tempio*, reconstruyó la nave gótica del *Tempio* original, que había sido destruido, gracias a eso es que pudo colocar una envolvente romana del siglo XVI o XV alrededor de ella. La parte que era de la iglesia gótica tenía que ser diferente de la envolvente romana. Para mí, el *Tempio* es un edificio fantástico, cuando vas y ves esta envoltura romana alrededor del gótico. Reconstruyó el gótico para conseguir este efecto. Eso es lo que quiero decir con suplemento.

Creo que es importante entender que eso contiene variaciones. También lo que hace en *San Andrés de Mantua*. Él reconstruye el contexto para que el edificio parezca que emerge por fuera del contexto en lugar de aparecer como una nueva iglesia. Entonces, Alberti reconstruye el contexto de *San Andrés*, antes de construir *San Andrés*.

Pero déjame hacerte una pregunta, porque parece que entiendes bien mi trabajo: ¿lo lees en inglés o está disponible en español?

SM: *Mayormente, en inglés. Pero puede conseguir sus libros aquí, en Buenos Aires, o por internet.*

PE: Eso es bueno, por lo que los estudiantes que lean esto podrían seguir los temas con algo de investigación.

SM: *Sí, espero que lo hagan.*

PE: Bueno, déjame decirte, esto fue muy desafiante para mí. Agradezco mucho tu discurso y, si has hecho algo, algún texto o crítica de mi trabajo, deseo que me lo envíes. Siempre me interesan las críticas continuas de mi trabajo.

SM: ¡Eso es genial! Lo haré, por supuesto.

PE: Mantengámonos en contacto a través de internet. Probablemente no puedas permitirte llevarme a Buenos Aires, soy demasiado mayor para volar. Entonces, podemos hacer esto, podemos continuar.

SM: ¡Claro! Ha sido maravilloso. Sería genial para mí si pudiéramos volver a hacer esto en algún momento.

PE: ¡Claro!

SM: Estoy muy agradecido, muchas gracias.

PE: Gracias.

Sobre la Forma

Conversación con Peter Eisenman llevada a cabo de manera online el 13 de diciembre de 2021 en el Instituto de Arquitectura de Buenos Aires

Santiago Miret (SM): *Esta es la tercera vez que tengo la oportunidad de hablar con usted, Peter, y es en el marco del primer evento del Instituto de Arquitectura. Muchas gracias por hacer esto, es un gran privilegio para mí poder conversar con usted sobre su trabajo y lo que ha estado realizando últimamente. ¿Cómo está?*

Peter Eisenman (PE): Bueno, estoy rompiendo una de mis reglas, como te dije antes, y es que nunca debería volver a ningún lugar del que haya hablado recientemente en el último año y medio, porque la gente se va a dar cuenta de que no tengo nada más que decir.

Mi oficina ha estado cerrada desde marzo de 2020 porque el proyecto en el que estábamos trabajando en un gran plan de vivienda urbana para Tbilisi, Georgia, quedó en suspenso y no ha habido trabajo debido al COVID, y sólo Erdem, mi asistente, y yo estamos trabajando a tiempo parcial en la oficina, esperando que el proyecto vuelva a retomarse. Mientras tanto, estoy enseñando; enseño cuatro cursos en Yale, dos cada semestre. Uno es un curso que he dado durante 20 años, sobre la base formal de la Arquitectura (o análisis formal), y que va en dos términos: la primera mitad es de Brunelleschi a Piranesi, y la segunda mitad es de Le Corbusier a Frank Gehry. Y así se instruye a los estudiantes, no en cómo diseñar sino cómo analizar, y creo que es una forma importante de crear una manera de entender el precedente; creo que la precedencia hoy es aún más necesaria que hace 50 años.

Ese es uno de los cursos que dicto, y el otro es historia actual. Y nunca he hecho historia actual antes de comenzar con el posmodernismo. Porque siempre fui un antiposmodernista decidido y, por supuesto, ahora que se acabó el sentido me di cuenta de que no era más que un posmodernista, y todos los que pensábamos que éramos modernistas en realidad no lo éramos; solo pensábamos que lo éramos. Entonces, creo que era imposible ser un modernista en un sentido muy real en los años '70 y '80 y, por supuesto, el programa de deconstrucción (que es parte de esta historia) fue en cierto sentido un epílogo para el posmodernismo, que trajo el final de una especie de posmodernismo kitsch para el mundo.

Ahora estamos en la fase digital uno o dos, y en varias a la vez y, básicamente, la noción de *forma* ha pasado a un segundo plano frente a muchas otras necesidades ambientales, sociales y de diversidad que la Arquitectura, por ejemplo, ha ignorado. No sé cómo alguien puede hacer Arquitectura si no sabe lo que es Arquitectura. Entonces, esa es una de las cosas en las que estoy trabajando, desarrollar ¿cuál es la *autonomía* de la Arquitectura en una era de reconciliación con el entorno natural, con el entorno social, etc.? ¿Qué puede ser la Arquitectura? Esa es una lucha realmente interesante para mí. ¿Cómo se entrega desde el espacio algo desafiante para este mundo físico económico social que sea significativo hoy? Por supuesto, la respuesta es muy difícil porque nadie ve necesario pagar por la forma, y los clientes de hoy sólo quieren edificios básicos y, ya sabes, el resultado está a la vista.

Creo que la Arquitectura siempre ha sido una función de la cultura. Siempre ha sido una condición necesaria del ser, no es algo que tenga que ser nuevo todo el tiempo sino que refleja lo que sentimos sobre nosotros mismos. Y cuando hablas de Alberti, o de Brunelleschi, etc., estás hablando de una cultura que se preocupó por la evolución del pasado al presente. Mi libro *Lateness* trata sobre el hecho de que no es necesario que la Arquitectura sea vanguardista, o adelantada a su tiempo, puede ser tardía. Y quería mostrar cómo uno puede ser culturalmente necesario y aún estar fuera de sintonía con su tiempo.

Esos son los problemas en los que he estado trabajando. Desafortunadamente (o afortunadamente), no ha habido ninguna oportunidad de construir, pero estamos esperando ahora seguir adelante con el proyecto de Tbilisi. Pero por ahora estamos trabajando en una exhibición en China, y esa es una propuesta interesante. Estamos trabajando, también, en varios libros, incluyendo la idea de *proggetare* y la diferencia con *proyecto* en el contexto italiano y poder desarrollar toda una actitud hacia el tiempo de la deconstrucción, el tiempo del posmodernismo, que creo que es muy importante para explicarles a los estudiantes dónde están. Y los estudiantes, ya sabes, hay muchos estudiantes que no saben quién es Aldo Rossi, honestamente. Hay estudiantes que no saben quién es Bob Venturi. Son estudiantes que no saben quiénes son cualquier cantidad de figuras. Estoy seguro de que muy pronto no sabrán quién fue Le Corbusier. Y no creo que sin ese conocimiento uno pueda ir a ninguna parte en cualquier tipo de situación cultural. Entonces, lo que estoy tratando de hacer es organizar para la próxima generación una serie de libros o textos sobre lo que ha sido el pasado reciente y cómo podremos usar eso en nuestra actividad actual.

SM: *Me dijo, me acaba de decir, que le interesa trabajar, o analizar, la deconstrucción. ¿Cree que eso tiene algún tipo de efecto en lo que está pasando hoy con la forma? Me refiero a la influencia de la deconstrucción desde el 1968.*

PE: Bueno, en primer lugar, los arquitectos nunca (a excepción de Bernard Tschumi y Mark Wigley y, tal vez, Rem) entendieron qué era la deconstrucción en Arquitectura y porqué era importante. Y en lo que estoy trabajando es justamente en eso.

Hay un libro, de un italiano llamado (Valerio) Olgiati, sobre la posibilidad de una arquitectura no referencial[1]. En otras palabras, una sola forma no tiene un sólo significado; una sola forma puede tener 50 significados. Y la pregunta es cómo implementar la forma de una manera que pudiera ser significativa en muchos contextos diferentes, pero la gente en un contexto de "descontaminación" pensó que era una relación uno a uno. Bueno, esto no fue deconstrucción, y la mayor parte de lo que sabemos que pensamos que es deconstrucción no tiene nada que ver con la deconstrucción. Entonces, el

---

1 Olgiati, Valerio y Breitschmid Markus. *Architettura Non-Referenziale*. Park Books, 2019.

curso que estoy haciendo es un paralelo de textos sobre la
deconstrucción en filosofía y edificios deconstructivistas
de arquitectos. Es un curso paralelo: cada semana hacemos
un edificio y luego un texto, o dos edificios y dos textos.
Entonces, se entiende desde un punto de vista cultural
filosófico y también desde un punto de vista precedente
arquitectónico. Así que espero que los estudiantes que reciba
finalmente entiendan qué fue la deconstrucción, qué pudo
haber sido y qué podría volver a ser hoy. Creo que es la idea
de la posibilidad, de un indeterminado, lo que Jacques Derrida
llama "lo indecidible". Creo que es muy importante entender
que la forma, debido a la complejidad de nuestra cultura y
sociedad, ya no puede estar en una relación de uno a uno con
su contenido. Tiene que explorar y expandirse, y cómo se hace
eso, y cómo uno lo hace posible, eso es la deconstrucción:
tomar parte de la relación uno a uno entre forma y contenido.
Esa es una de las cosas que Olgiati, expone en su libro sobre
arquitectura no referencial, y es realmente interesante. No sé si
estoy del todo de acuerdo con todo esto, pero es algo que vale
la pena enseñar.

SM: *En* Lateness *comenta sobre la resistencia a la expresión
personal, como si* lateness *fuera algo que va en contra de la expresión
personal o, al menos, tiende a controlarla. Siguiendo lo que comenta, ¿el
deconstructivismo puede funcionar de la misma manera?*

PE: No. En primer lugar, hay dos cosas de las que siempre
he estado en contra (o como quieras llamarlo): una, es el
expresionismo, y la otra, el *populismo*. Y nada de lo que he
hecho tiene que ver con mi expresión personal ni con una
visión populista de la cultura. Entonces, estoy tratando de

poner por escrito qué es lo que puede ser "abrir la cultura" a posibilidades realmente interesantes. Los filósofos hicieron eso y los arquitectos (incluyéndome) abusamos de lo que nos decían los filósofos. Es por eso que intento repasarlo y ver dónde ocurrieron estos problemas, dónde hubo errores al interpretar mal lo que pretendían los filósofos.

Hicimos un libro con Jacques Derrida llamado *Chora L Works*. Es realmente un libro interesante cuando lo lees, y hay un muy buen texto de Jeff Kipnis en él, un buen texto de Jacques y, por supuesto, sabes que es muy importante entender cómo esto se arruinó. Porque el Museo de Arte Moderno de Nueva York quería tener una exhibición de estrellas, y no importaba lo que estos muchachos estuvieran pensando; eran lo que el MoMA ofrece al público. Entonces, todas esas estrellas, las siete estrellas que estaban en el programa, realmente sabían muy poco sobre la deconstrucción, y luego simplemente unieron la deconstrucción con el deconstructivismo y lo llamaron un nuevo estilo. Es sólo... una locura.

SM: Hay una especie de contradicción, ¿no? Porque la idea es, de nuevo, como dice en Lateness, *lo que le interesa son esas expresiones que luchan contra (o están fuera de) cualquier estilo, o funcionan en una especie de "espacio paralelo" donde se diferencian de los estilos.*

PE: No uso la palabra *constructivismo*, uso *deconstrucción*. Nunca he usado el *deconstructivismo*, siempre me he opuesto a ese uso.

SM: ¿Cree que eso es un error?

PE: Absolutamente. Hay un libro de Harold Bloom llamado

Deconstruction and Criticism[2]*;* Derrida está en él, Deleuze está en él, y estoy releyendo este libro porque es fundamentalmente donde la Arquitectura se descarriló. No entendieron el significado de lo que era ese libro para las disciplinas filosóficas que estaban adoptando las ideas de una relación que ya no era uno a uno entre forma y contenido.

SM: *¿Quizás el problema sea que la deconstrucción está asociada a algún tipo de metodología en lugar de alguna idea?*

PE: Bueno, no. El tipo que realmente entendió lo que estaba pasando fue Mark Wigley y su tesis sobre deconstrucción. Luego, cuando se involucró con el museo MoMA, escribió sobre deconstructivismo y eso es algo diferente. Una vez que eso entró, se contaminó. Entonces, creo que ese fue uno de los problemas que mostró el MoMA; a pesar de que eliminó el tipo de posmodernismo kitsch, dio paso a otra cosa horrible de la que nadie realmente quería responsabilizarse. Entonces, estoy tratando de explicar eso, y lo interesante de este libro es que habla de todas las diferentes manifestaciones de la forma en este mundo posmoderno que la gente llama "deconstrucción". Vale la pena, es un libro que si los estudiantes no saben nada sobre deconstrucción, y probablemente sea así, sería un libro para tener y fotografiar muchas páginas, realmente vale la pena.

SM: *También mencionó esta idea en la que está trabajando, que es la raíz italiana de la palabra* proyecto. *¿Podría elaborar un poco sobre eso?*

---

2 Bloom, H.; Hartman, G.; Derrida, J.; de Man, P. y Miller, H. (1995). *Deconstruction and Criticism.* Continuum Intl Pub Group.

PE: Claro. El *proyecto*, hasta, digamos, el final de la Segunda Guerra Mundial, entre 1945 y 1950, era un término sencillo en cualquier idioma. Significaba mirar al futuro, a tener una obra; significaba proyectarse desde la proyección de un edificio. Entonces, había una cantidad de significados en el idioma inglés para la palabra *proyecto*. En italiano, el historiador Giulio Carlo Argan escribió un artículo, y creo que se llamaba *Projecto y Objeto*[3], donde expone que no se puede proyectar en la posguerra mundial sin tener un significado filosófico. Detrás de eso existe un sentido político; es decir, un significado comunista. Porque en ese momento, después de la Guerra Mundial, Italia se vio superada por una gran cantidad de sentimiento procomunista y de izquierda en Italia, que era tan fuerte como cualquier otro lugar sobre las realidades políticas. Tafuri, a menudo no venía a los Estados Unidos debido a las declaraciones anticomunistas de nuestros líderes políticos. En cualquier caso, Argan escribió un artículo muy interesante sobre la raíz del problema que es que en la proyección, en la proyección de proyectos, tiene que haber un componente ideológico, no puede ser neutral, y una persona tiene que proyectarse para ser lo que es; es decir, existen objetivos políticos.

Eso no es "expresionismo", es sólo una actitud hacia la cultura; no es una expresión personal, es una expresión del espíritu de la época. Y este es un artículo muy poderoso. Fue escrito, creo, en el '68, '69, y varios italianos lo recogieron. Uno era Massimo Scolari, en una revista que estaban haciendo llamada *Controspacio* (Contra el espacio). Massimo, que en ese momento

---

3 Argan, GC. (2003). *Progetto e Oggeto, Writings on Design*. Medusa Editions.

trabajaba con Rossi, arrancó esta idea cuando a Rossi le dieron la Trienal de Milán del '73 para tener una exposición sobre esta nueva idea de Arquitectura a la que llamaron *"La Tendenza"*. La *Tendenza* trataba sobre el regreso de otra forma de arquitectura racional *(architettura razionale)* que había estado en Italia antes de la guerra, pero que había sido superada por el pensamiento fascista italiano. Y querían volver a mirar *architettura razionale* para ver si había algo que estuviera en contra de la expresión individual, que fuera matemático, contextual. Entonces, hubo esta exposición llamada *"Architettura Razionale"* y creo que fue la exposición más importante de los años '70 en el mundo, que construyó una idea completamente nueva de hacia dónde iría la arquitectura en el modernismo de izquierda, el posmodernismo de izquierda. Y empezó a producir cosas llamadas *città analoga*, que era la "ciudad análoga", donde las formas serían análogas a su contenido. Hablaba de formas autónomas y hubo, en muchos de estos casos, edificios de importantes arquitectos que se ocuparon de lo urbanístico y del desarrollo de la Arquitectura como proyecto urbano. E hicimos un proyecto en Italia, este proyecto de Cannaregio, en el '78, que fue con Rossi, Aymonino, Moneo, Hedjuk, Abraham y yo.

Hicimos este proyecto para un área urbana de Venecia, y éramos parte de *La Tendenza*. Fue una especie de orquestación de Rossi y Aymonino. Esa es una continuación importante, creo, de *La Tendenza* de Rossi. Así fue, diría yo, hasta que murieron Rossi y Tafuri; todo el asunto simplemente desapareció. Y, por supuesto, no sé dónde está hoy. Estoy buscando, averiguando dónde, qué hay allí, o qué queda por recoger. No creo que ninguno de tus estudiantes tenga idea de lo que era *La Tendenza*, lo que era Rossi. Creo que fue una figura importante en este momento. Creo que Moneo es otra figura importante, en el contexto español, ya sabes. Pero, de nuevo, éstas no son las "grandes estrellas del mundo". Eran personas que trabajaban y pensaban en cosas muy interesantes. No se trataba sólo de jugar con la forma. Creo eso es mucho de lo que está sucediendo hoy: la gente simplemente está haciendo "formas locas", y no entienden cuál es el significado, cuál es la relación con el significado, o la relación con el pensamiento.

Hoy la Arquitectura no está en una situación muy favorable porque, en primer lugar, no tenemos los profesores que nos puedan enseñar nada sobre lo que pasó porque no saben y, en segundo lugar, los estudiantes no pueden inventar esto por su cuenta porque no saben. Entonces, creo que la Arquitectura ha estado en una situación muy difícil precisamente porque la gente piensa: "Oh, la arquitectura se trata del clima, la arquitectura se trata de la diversidad, la arquitectura se trata de mí también, la arquitectura se trata de la igualdad de género, la igualdad racial". Y la arquitectura puede ser todas esas cosas, pero eso no se trata de lo que los arquitectos deben poder hacer. Todos necesitamos ser capaces de entender la diversidad, pero eso no nos hace capaces de hacer formas de lo que eso implica.

Creo que Pier Vittorio Aureli, en Italia, es uno de los jóvenes que tiene una tesis sobre la construcción, y es un joven neomarxista, neoiglesia; quiero decir, estos italianos unen iglesia y marxismo de formas muy extrañas. Siempre soy optimista sobre lo que es posible. El hecho de que no sepa lo que es no significa que no sea posible, no soy tan estúpido como para pensar eso.

Me pediste que viniera y diera una charla sobre la *forma*. No creo que nadie sepa realmente lo que está pasando con la forma. Quiero decir, la gente que está haciendo forma, creo que simplemente es ridícula. Podría llamarlo un tipo de "neoexpresionismo". No creo que, al final, el *parametricismo* (que es lo que está haciendo la oficina de Zaha Hadid) tenga algo que ver con lo que Aldo Rossi, Rafael Moneo y otros, pensaban que era necesario. No creo que el parametricismo sea la respuesta.

SM: *Bueno, explora bastante sobre el problema de la forma en diferentes lugares. Hoy comentó sobre* deconstrucción, *pero también exploró el* plegado, *cuando estaba surgiendo la arquitectura plegable.*

PE: Correcto.

SM: *Y también exploró con lo digital, en las primeras etapas de su desarrollo en diseño. Incluso a veces sin importarle las consecuencias. También habla en sus libros de* narrativa. *Tal vez haya una conexión con la forma y la narrativa que algunas prácticas no están logrando, o que no están trabajando de manera flexible.*

PE: Creo que es un buen punto. Pero, en relación a lo que he estado diciendo, si no hay una correspondencia uno a uno entre forma y contenido (narrativa), entonces no es narrativa sino *narrativas*, con un activo plural al final. Cuando Alberti hizo una columna, no sólo hizo la columna sino que la convirtió en la cosa misma. Y luego ha dicho que además de ser una columna, también tenía que parecerse a una columna. Entonces, era la columna más el *signo* de la columna lo que tenía que verse como lo que estaba tratando de ser. No podía estar tumbada de lado y ser una columna, porque entonces sería un muro. Los elementos arquitectónicos tenían estructuras narrativas autónomas e independientes. Cuando hablas de esas estructuras narrativas, estoy realmente interesado. No creo que me interesen narrativas como las posmodernas sobre edificios, como las que presentaba Venturi, ya sean "patos" o "cobertizos decorados". No estoy interesado en construir "patos" o "cobertizos decorados", pero estoy interesado en la idea de que la arquitectura es un sistema de signos muy único, y ese sistema de signos es único porque es autónomo a lo que nosotros estamos haciendo. En otras palabras, no importa lo que alguien escriba sobre algo, importa qué es ese algo. ¿Se trata del signo de la columna, o se trata de otra cosa? Si es una columna que trata de hablar de tortugas, entonces es un error; las columnas tienen que hablar de columnas. Y ahí es donde entra esta idea de *autonomía*. Y creo que *autonomía* es uno de los términos, y *analogía* es el otro. Analogía y autonomía son temas que son importantes para la Arquitectura y, si son narrativos, está bien.

SM: *Muy bien. Entonces, ¿cree que hay narrativas nuevas en los últimos 50 años? Quiero decir, la columna es una narrativa para la Arquitectura que ha estado ahí durante mucho tiempo. Pero, tal vez, haya narraciones que vinieron luego.*

PE: Quisiera ver eso. Si me lo mostraras, te diría: "Muy bien, felicitaciones". Creo que no tenemos esa situación hoy porque hemos... Mira, en este país, todo se trata de "diversidad" e "impacto ambiental", y "forma sin carbono", y todo ese tipo de cosas que la gente piensa que se supone que la Arquitectura hace bien. No estoy convencido de que la Arquitectura tenga que hacer el bien más que cualquier otra disciplina cultural. Entonces, no creo que podamos presionar a la arquitectura para que sea mejor, más perfecta, etc.. Y creo que debemos tener cuidado. La razón por la que dudo cuando dices *narrativa*, es porque mucha gente que piensa exactamente lo contrario a mí y está realmente interesada en la narrativa.

SM: *Sí. Tal vez lo que entiendo por* narrativa *es como algunos, podría decir, "tropos de la arquitectura" que han estado ahí por mucho tiempo...*

PE: Pero eso te lleva casi de regreso a la Arquitectura Clásica, y quiero tener cuidado con eso. No quiero un renacimiento del clasicismo. Tenemos un curso en Yale, por ejemplo, que comienza en dos semanas, sobre Arquitectura Clásica.

SM: *Sí, eso fue mi comentario. Porque trabajó durante un tiempo con, por ejemplo, la cuadrícula de nueve cuadrados. Pero eso no quiere decir que estuviera haciendo villas, villas palladianas , estaba haciendo otra cosa. Entonces, hay una narrativa de la Arquitectura que se está "transformando", pero hay que tener cuidado de no repetir.*

PE: Cuando obtuve mi doctorado era sólo uno de los doctores en todo el mundo de la Arquitectura. Con Charles Moore fuimos los dos primeros PhD. ¡Ahora, las escuelas los están sacando por docenas! Y la gente brillante está escribiendo cosas sobre "lo que un ratón de iglesia estaba olfateando en 1822 en la esquina de la Catedral de Salisbury". Quiero decir, una tontería total.

SM: *Sí.*

PE: Algunos de mis mejores alumnos están escribiendo tonterías. Entonces, parte de eso es una actitud general. Cuando hay un anuncio para un nuevo puesto de joven arquitecto se lee: "La persona tiene que tener un doctorado". Eso es ridículo. No necesitas un doctorado. Nunca he usado mi doctorado. Entonces, no sé qué está pasando aquí, pero no parece ser un espíritu de cuestionamiento.

SM: *Correcto. Acá hay algunas personas que hacen preguntas por el chat.* ¿Le parece si le leo algunas?

PE: Está bien, adelante.

SM: *Aquí hay una pregunta de Pablo:"Mencionó a Valerio Olgiati y su libro. Allí, habla de no mencionar ningún nombre o edificio, sólo para encontrar los elementos en el interior de la Arquitectura. Si busca esa autonomía de la Arquitectura, ¿cómo podemos hablar de Arquitectura sin mencionar autores o edificios? ¿Cuáles son los temas?*

PE: Porque, quizás, no son los edificios los que están llevando las relaciones significativas. Quiero decir, Olgiati no pretende que no se muestren edificios en sus libros, simplemente dice: "Aquí está tal idea". Está trabajando en una idea. Creo que las ideas vienen en muchas formas diferentes. No estoy seguro de que los edificios que se están haciendo hoy tengan mucho valor en comparación con algunos de los textos, ensayos, revistas, etc. ¿Y cómo algo puede tener valor?, le pregunté a esta persona. Hay una cosa en nuestra computadora, una web llamada *e-flux Architecture*. No sé si tienes *e-flux*. Nunca lo miro, creo que es ridículo, pero sale con noticias todos los días. ¿Cómo es posible que surja algo que valga la pena todos los días? Quiero decir, es sólo basura. Y, entonces, exigir algo para realizar todos los días es una especulación poco realista.

SM: Bueno, eso es de lo que estábamos hablando hace un momento. Es difícil encontrar significado o preguntas interesantes.

PE: No hay clientes que quieran sentido. Espero que eso responda esa pregunta. Entonces, ¿tenemos otra pregunta?

SM: Sí, tenemos otra. Diego pregunta: "Estoy pensando en los estudios de cultura tectónica latinoamericana. Es una manera de explorar la forma arquitectónica fuera de la expresividad personal. ¿Es posible creer en una exploración sobre la "tectónica digital", hoy en día?".

PE: (Risas) "Tectónica digital"... No. ¿Cuál es la diferencia entre la tectónica digital y todo tipo de algoritmos informáticos para producir formas? Quiero decir, todos son iguales. Como estas cosas: *Rhino, 3D Studio Max*, todos estos tipos de plataformas arquitectónicas que son simplemente... Estás diseñando lo que estas plataformas quieren. Creo que debemos volver a la pluma, la tinta y el dibujo a mano, en lugar de los algoritmos informáticos.

SM: De ese modo también diseñaría lo que la pluma quiere.

PE: Sí. De todos modos, estábamos inventando. Cuando estábamos usando plataformas digitales, estábamos inventando. Fui a los chicos digitales y les dije: "Estamos haciendo este *Centro Wexner* en Columbus, necesito algo para modelar formas irregulares tridimensionales". Y se les ocurrió un software que se llamó *Form Z*. No sé si lo tenían en Argentina, era una plataforma de modelado tridimensional básica.

SM: *Sí, seguro.*

PE: Y seguimos... Estábamos dibujando tan rápido como podían modelar las cosas, enviábamos paquetes todos los días de ida y vuelta a Columbus. Estábamos en los inicios de los programas informáticos. Ahora, lo que sucede es que las plataformas informáticas están trabajando en cuál va a ser la respuesta, y ahí es donde falla, en lo que a mí respecta. El *parametricismo* es un ejemplo; no es un ejemplo de forma autónoma, es una forma controlada por la computadora, por la plataforma computacional. Y creo que eso es un problema.

SM: *Acá hay una pregunta de Flavio: "Pensar fuera de lo personal expresivo o la expresividad personal, pregunta: ¿el proyecto de la* Virtual House *está alineado con esta idea que plantea?".*

PE: Oh. (Risas).

SM: *Ha pasado un buen tiempo de ese proyecto.*

PE: Sí, no lo haría hoy. Hoy pensaría diferente. No sé cómo responder a esa pregunta, aparte de decir que no es una de mis obras favoritas. Pero tuve algunas personas muy brillantes trabajando conmigo y haciendo algunas cosas realmente locas. Hay muchos de nuestros proyectos anteriores que realmente me gustan. Ojalá hubiéramos construido el museo en París, el *Musée du quai Branly* (1999) es un gran proyecto. Desearía que el cliente estuviera con vida para hacer la *Casa Reinhardt* y que nos hubieran dejado tener un edificio de gran altura en Berlín, creo que fue realmente un proyecto interesante. Hay varios de nuestros proyectos que creo que fueron realmente interesantes, que nunca tuvimos la oportunidad de construir. Pero la *Virtual House* no es uno de ellos, no lo creo.

SM: *¿Por qué es eso? ¿Por qué no le gusta ese proyecto? ¿No le gustaba entonces?*

PE: Porque, básicamente, siento que tienes que ser capaz de tener algún tipo de "punto cero" a tu alrededor, y no había ningún "punto cero" en ese proyecto. Estaba constantemente cambiando, moviéndose. Quiero decir, no podrías sentarte y tener esta conversación, sería para... Te destruirías tratando de estar en ese espacio. Fue exagerado, demasiado.

SM: *Bien, esa es una buena respuesta.*

PE: Cierto. Y, ¿qué es el Instituto de Arquitectura?

SM: *Bueno, es algo nuevo, muy joven. Empezó esta noche.*

PE: ¿Tienes una revista?

SM: Sí, Antagonismos *es su revista. Nuestra última conversación está publicada ahí,* así que se *la enviaré* .

PE: ¿Cómo es que no la tengo?

SM: *Voy a hablar con su asistente. Aquí hay otra pregunta: "¿Cuál es su opinión sobre esta reconstrucción, esta reconstrucción digital, sobre proyectos históricos como la Sagrada Familia de Gaudí, que se está reconstruyendo digitalmente? ¿Qué piensa sobre eso?".*

PE: Pienso "Que duerman los perros que duermen". No quiero reconstruir nada, no. Una sola *Sagrada Familia* es suficiente, dos ya serían demasiadas.

SM: *Está bien como está ahora.*

PE: Sí. Dejémoslo ser, por favor. Y a quién le importa, por cierto.

SM: *Esa es una gran respuesta.*

PE: No resucitemos nada.

SM: *Está bien. Aquí hay otra pregunta de Mariana: "Estaba pensando que la cantidad de información disponible a la que tenemos acceso hoy, el hecho de que dejáramos de usar lápiz y papel, nos ha vuelto perezosos, y por eso dejamos de cuestionar las cosas. ¿Está de acuerdo con eso?".*

PE: Sí, creo que suena genial. Mariana, sigue adelante. Nos debe, entonces, diez páginas para mañana por la mañana, quiero verlo. ¿Sabes lo que le diría a todos los que están escuchando esto? Diría: "Mañana, levántate y ve a la *Casa Curutchet*, y siéntate en esa casa por una hora. Eso sería algo muy bueno de hacer. Y te apuesto que mucha gente no ha hecho eso, ¿no? Eso despertaría a todos, Mariana. Envíalos a la *Casa Curutchet*.

SM: *Gran consejo, sí.*

PE: Bien. Escríbeme una postal desde la *Casa Curutchet*. Quiero recibir cien postales. Esa es la realidad, no internet, no *YouTube*. Ir a la *Casa Curutchet*. ¿Has estado?

SM: *Sí, claro. Es un edificio asombroso. Usted también la ha visitado.*

PE: Sí. Pero lo más sorprendente de Buenos Aires fue *La Bombonera*. ¿Cuántas personas de este público han ido a *La*

Bombonera? No muchos. Y juntar la *Curutchet* y *La Bombonera,* eso es otra cosa. Ese es el problema; no somos, no tenemos esta condición primaria de experiencia.

SM: *Eso suena como una buena agenda para trabajar.*

PE: Esa es una buena idea.

SM: *No hay más preguntas, Peter, lo dejo ir. Le agradezco mucho por esto, fue genial hablar con usted de nuevo.*

PE: Gracias. Habla con mi asistente, encontraremos algo para conversar. Si el proyecto de Tbilisi sigue adelante, tendremos otro proyecto del que hablar.

SM: *Eso sería genial. Muchas gracias y hasta la próxima.*

PE: Vamos, Messi! Encantado de hablar contigo, otra vez. Mantente en contacto. Gracias.

Parte 3
Abstracción como Práctica

Línea de tiempo en la obra de Eisenman Architects

Forma

El problema de la forma podríamos interpretar que ha sido, por un lado, fundacional en la práctica de Eisenman y, por otro, el aspecto disciplinar más estudiado. Se puede deducir, a través de una lectura detallada de su obra, que la forma es una condición transversal a todo lo producido por Eisenman. Desde las problematizaciones teóricas de su *Formal Basis of Modern Architecture*, hasta las complejidades en busca de la continuidad estriada en la *Ciudad de la Cultura de Galicia*.

1963	Tesis doctoral *The Formal Basis of Modern Architecture* Eisenman obtiene su PhD

1964	Christopher Alexander publica *Notes on the Synthesis of the Form*
1966	Robert Venturi publica *Complexity and Contradiction in Architecture*
1967	Se funda el Institute for Architecture and Urban Studies IAUS

1968 Proyecto
House I
Comienza la serie de proyectos de Houses

1970 Proyecto
House II

1971 Proyecto
House III

Proyecto
House IV

1972 Charles Jencks declara la muerte del Movimiento
Moderno en St. Louis, Missouri el 15 de Julio de 1972
a las 3.32 pm

Gilles Deleuze y Félix Guattari publican el libro
Mil Mesetas, Capitalismo y Esquizofrenia

1975 Rem Koolhaas funda la Office for Metropolitan
Architecture OMA

1975 Libro
Five Architects: Eisenman, Graves, Gwathmey, Hejduk, Meier
Peter Eisenman, et al. New York: Oxford University
Press Incorporated

Proyecto
House VI

Proyecto
House X

1978 Rem Koolhaas publica *Delirious New York*

1978 Proyecto
Cannaregio Town Square
La problematización del Suelo comienza con este proyecto

1979 West Berlin comienza la competencia internacional para reconstruir partes de la ciudad de Berlín.
Más tarde se conocerá como IBA 1987

1982 Debate entre Christopher Alexander y Peter Eisenman en la Harvard Graduate School of Design GSD

El software de dibujo AutoCad sale al mercado

1983 Proyecto
Fin D'Ou T Hou S

1985 Investigations in Architecture: Estudio de Eisenman en el Harvard GSD 1983-85. Jonathan Jova Marvel. Cambridge, MA: Harvard GSD

1985 Proyecto
IBA Social Housing
Primer edificio construido fuera de Estados Unidos

Proyecto
Firehouse for Engine Company 233 and Ladder Company

1986 Proyecto
University Art Museum

Proyecto
Progressive Corporation Office Building

Proyecto/Colección
Jewelry, Tableware, Hardware

1987 Abre al público el Parc de la Villette, proyecto de Bernard Tschumi

1987 Ensayo
La Fine del Classico
Peter Eisenman. Edited by Renato Rizzi. Translated
by Renato Rizzi and Daniela Toldo.
Introducción de Franco Rella. Venecia: Cluva
Uno de los ensayos más controversiales de Eisenman

Libro
Houses of Cards
Editado por Peter Eisenman. New York: Oxford
University Press, 1987. Work from 1968-1978

Proyecto
La Villette

1987 Proyecto
Biocenter
Primer proyecto que problematiza con lo digital en Arquitectura.
Greg Lynn trabaja en el proyecto

1988   Bernard Tschumi asume como decano en Columbia GSAPP
(hasta 2003)

Suelo

Como derivación de los intereses sintácticos con el diagrama
(y su desmotivación como signo), el problema del Suelo es algo
que se hizo cada vez más evidente en la práctica de Eisenman.
Ya en su proyecto de la *House X* de 1975 se evidencia un
acercamiento al suelo en algunos modelos, pero es, sin duda,
en el proyecto de la propia *Plaza de Cannaregio* de 1978 donde el

problema del suelo se convierte en una preocupación que su obra no abandonará al día de hoy.

1988 Exposición
Deconstructivist Architecture
Philip Johnson and Mark Wigley. Boston: Little Brown and Company/The Museum of Modern Art New York Graphic Society Libros, 1988. Catalogue for MoMA

Peter Eisenman comparte espacio en el MoMA de Nueva York con las más grandes oficinas de Arquitectura del futuro próximo: Frank Gehry, Zaha Hadid, Rem Koolhaas, Daniel Libeskind, Bernard Tschumi, y Coop Himmelb(l)au liderada por Wolf Prix.

1988 Proyecto
Monte Paschi Bank Competition

Proyecto
Guardiola House

1988 Gilles Deleuze publica *El Pliegue: Leibniz y el Barroco*

1989 Proyecto
Wexner Center for the Visual Arts and Fine Arts Library
Uno de los proyectos más famosos y citados de la oficina

Proyecto
Carnegie Mellon Research Institute

Proyecto
Banyoles Olympic Hotel

1990 Zaha Hadid desarrolla el proyecto de la *Vitra Fire Station*

1990   Proyecto
        Textiles

        Proyecto
        Koizumi Sangyo Corporation Headquarters Building

        Proyecto
        Groningen Music-Video Pavilion

1991   Comienzan las Conferencias Any (1991 - 2001)

        Se lanza el software de modelado Form Z

        Peter Eisenman & Frank Gehry.
        Peter Eisenman and Frank Gehry. New York: Rizzoli, 1991.
        Catálogo de la Fifth International Exhibition of Architecture en la
        Bienal de Venecia de 1991

1991   Proyecto
        Alteka Office Building

        Proyecto
        Emory University Center for the Arts

1992   *Frankfurt Rebstockpark: Folding in Time.*
        Eisenman Architects and Albert Speer & Partner. Munich:
        Prestel-Verlag; Frankfurt: Deutsches Architekturmuseum,

1992   Catalogue for the exhibition of the Rebstockpark Master Plan
        at the Deutsches Architekturmuseum in Frankfurt

1992 Proyecto
Rebstockpark Masterplan
Primer proyecto que explora el problema del Pliegue

Proyecto
Nunotani Office Building

Proyecto
The Max Reinhardt Haus

Proyecto
Nordliches Derendorf Masterplan

1993   Architectural Design AD publica *Folding Architecture* editada por Greg Lynn

1993   Proyecto
Greater Columbus Convention Center

Proyecto
Haus Immendorff

1994   Manfredo Tafuri muere en Venecia, Italia

1994 Libro
Cities of Artificial Excavation: The Work of Peter Eisenman, 1978-1988
Editado por Jean-François Bédard. New York: Rizzoli, 1994.
Catálogo de la Exposición del mismo nombre CCA, 2 de Mayo - 19 de Junio, 1994

1995   John Frazer publica *An Evolutionary Architecture*

Foreign Office Architects obtiene el primer premio en la competencia por la Terminal Marítima de Yokohama

1996   Proyecto
       Vienna Memorial to Jewish Victims

       Proyecto
       Church of the Year 2000

       Proyecto
       JC Decaux Bus Shelter

Historia

Es profundamente sugerente cómo una práctica
absolutamente comprometida con lo contemporáneo
se ve constantemente alimentada por la historia. El
proyecto de Eisenman, como el de todo gran arquitecto,
enfatiza la tradición una y otra vez. Pero esta tradición,
lejos de ser solemnemente contemplativa, es audazmente
proyectiva. El trabajo con el diagrama de estudio de caso es
precisamente lo que da relevancia y consistencia a las formas
y reinterpretaciones irreverentes dentro de los proyectos de
Eisenman. La noción de "referente" como algo lejano y ajeno
a la actividad constructiva real del proyecto queda desterrada
por un trabajo con el estudio de casos absolutamente
involucrado con la forma. Donde los mismos elementos de
los diagramas de los casos de estudio se varían, transforman,
transfiguran y distorsionan para convertirse en un proyecto
nuevo.

1996   Proyecto
       Aronoff Center for Design and Art

Libro
Eleven Authors in Search of a Building: The Aronoff Center for Design and Art at the University of Cincinnati
Editado por Cynthia Davidson. New York: Monacelli Press

1996   Stan Allen publica el ensayo *Field Conditions*

1997   Manuel de Landa publica el libro *A Thousand Years of Nonlinear History*

        Se inaugura el Museo Guggenheim en Bilbao de Frank Gehry

        Greg Lynn desarrolla su proyecto de Embryological Houses

1997   Proyecto
        Bibliothèque de L'iheul

        Proyecto
        Virtual House

1997   Libro
Chora L Works. Peter Eisenman and Jacques Derrida
Editado por Jeffrey Kipnis y Thomas Leeser. New York: Monacelli Press
Colaboración con Jaques Derrida

1998   El software de modelado tridimensional Rhinoceros sale al mercado

1999   Primer Premio International Competition City of Culture of Galicia Santiago de Compostela, España

        Primer Premio IFCCA Prize Competition for the Design of Cities "Manhattan Fold," New York, New York

        Segundo Premio International Competition Musée du Quai Branly, Paris, Francia

Greg Lynn publica el libro *Animate Form*

Bob Somol escribe el prólogo del libro de Peter Eisenman Diagram Diaries, titulado Dummy Text or the Diagrammatic Basis of Contemporary Architecture

Colin Rowe muere en Virginia, Estados Unidos

1999   Proyecto
Bruges Concert Hall

Proyecto
IFCCA Prize Competition for the Design of Cities

Proyecto
Musée du quai Branly

Libro
Eisenman Digitale
Luca Galofaro. Basel and Boston: Birkhauser

Libro
Diagram Diaries
Peter Eisenman. New York: Universe

2000   John Hejduk muere en Nueva York, Estados Unidos

El software de parametrización Revit sale al mercado

2000   Proyecto
Spree Dreieck Tower

Proyecto
Eindhoven Railroad Station

2001   Peter Eisenman recibe la Medal of Honor from the New York
        Chapter del American Institute of Architects, y el Smithsonian
        Institution's 2001 Cooper-Hewitt National Design Award in
        Architecture

2001   Proyecto
        Staten Island Institute for Arts and Sciences

        Proyecto
        FSM East River Proyecto

2001   Proyecto
        Musée des Confluences
        El concurso lo gana finalmente Coop Himmelb(l)au

        Proyecto
        Bayern Munich Stadium

        Proyecto
        Deportivo de La Coruña

2002   Concurso del Ground Zero

        La Terminal Portuaria de Yokohama de Foreign Office Architects
        abre al público

2002   Proyecto
        Memorial Square World Trade Center

        Proyecto
        Leipzig Olympic Park and Stadium

2003   Se le otorga un Doctorado honorario a Peter Eisenman por la
        Università La Sapienza en Roma

        Alejandro Zaera-Polo y Farshid Mousssavi publican su monografía
        Filogénesis, Las Especies de FOA

Superficie

En un momento del curso de la práctica de Eisenman Architects, un espíritu de novedad prominente parece haberse apoderado de sus proyectos. A diferencia de lo que significaría una etapa de consolidación y estabilidad en una práctica convencional, las décadas de 1990 y 2000 (no es coincidencia que impliquen el cambio de siglo), para Eisenman están efervescentes en experimentación inventiva. Proliferan proyectos de superficies de doble curvatura, superpuestas y transformadoras del terreno y el contexto. Superficies plegadas y desplegadas, lisas y estriadas, perforadas, continuas, estratificadas o extruidas.

2003   Proyecto
        Napoli TAV Station Competition

        Libro
        Blurred Zones: Investigations of the Interstitial, Eisenman Architects 1988-1998
        Peter Eisenman. Edited by Cynthia Davidson. New York: Monacelli Press

2003   Libro
        Giuseppe Terragni: Transformations, Decompositions, Critiques
        Peter Eisenman. New York: Monacelli Press, 2003.
        Incluye textos de Giuseppe Terragni y Manfredo Tafuri

        Un libro muy comentado mucho antes de su publicación, se escribió 30 años antes de ver la luz

2004   Rafael Moneo publica Theoretical Anxiety and Design Strategies
        in the Work of Eight Contemporary Architects, que incluye un
        texto que analiza la obra de Eisenman

2004   Libro
        Eisenman Inside Out: Selected Writings 1963-1988
        Peter Eisenman. Edited by Mark Rakatansky.
        New Haven and London: Yale University Press

2005   Proyecto
        Berlin Memorial to the Murdered Jews of Europe

        Proyecto
        Il Giardino Dei Passi Perduti

        Libro
        CODEX: The City of Culture of Galicia
        Eisenman Architects. New York: Monacelli Press

2006   Conversación entre Peter Eisenman y Rem Koolhaas en la
        Architectural Association de Londres

        Premio International Fellowship del Royal Institute of British
        Architects

        Honorary Doctor of Fine Arts, Syracuse University. Siracusa,
        Nueva York

        Jesse Reiser y Nanako Umemoto publican el libro *Atlas of Novel Tectonics*

2006   Proyecto
        State Farm Stadium

        Proyecto
        Pompeii Stazione Santuario

        Proyecto
        MODAM Museum and School of Fashion

2006 Libro
Tracing Eisenman
Editado por Cynthia Davidson
Incluye textos de Stan Allen, Cynthia Davidson,
Greg Lynn, Sarah Whiting, y Guido Zuliani.
London: Thames and Hudson, 2006.

Una de las más bellas monografías editadas de la obra de Eisenman
Architects

2006 Libro
The Formal Basis of Modern Architecture
Peter Eisenman. Baden: Lars Muller Publishers,
2006.

Reproducción facsímil de la tesis doctoral de Peter Eisenman,
entregada en Agosto de 1963 en la University of Cambridge (UK)

2006 Libro
Peter Eisenman: Feints
Edited by Silvio Cassara. Milano: Skira

2007 El plug-in de modelado paramétrico Grasshopper se lanza al mercado

2007 Libro
Written Into the Void: Selected Writings 1990-2004
Peter Eisenman, con una introducción de Jeffrey Kipnis.
New Haven and London: Yale University Press, 2007

Síntesis

Los proyectos del *Memorial de Berlín a los judíos asesinados de Europa* en 2005 y de la *Ciudad de la Cultura de Galicia* en 2011 son los proyectos que atestiguan la llegada a una etapa de síntesis, tanto conceptual como proyectiva, en la obra de Eisenman. Atrás han quedado las etapas de exploración sintáctica, de investigación filosófica o de riesgos formalistas. Esto no implica que no haya un profundo interés en la problematización del campo disciplinario en el trabajo actual de la oficina, sólo que esta problematización ahora es precisa, enfocada y compacta.

2008   Libro
Ten Canonical Buildings: 1950-2000
Peter Eisenman. Editado por Ariane Lourie.
New York: Rizzoli

Uno de los libros sobre teoría arquitectónica contemporánea más elaborados

2009   Proyecto
Pozzuoli Waterfront Masterplan

2009   El proyecto de la University of Phoenix Stadium es nombrado "Best Stadium of the Decade" por la revista Sports Illustrated

2010   Se inaugura la torre más alta del mundo, el Burj Khalifa de SOM

2011   Patrik Schumacher publica el primer tomo del libro *Autopoiesis of Architecture*

2011 Proyecto
City of Culture of Galicia
Posiblemente el proyecto más ambicioso de la oficina

2012 Proyecto
Piranesi Variations

Proyecto / Investigación
Palladio Virtuel

Proyecto
Yenikapi Archaeological Museum and Archeo-park

2012 El proyecto Yenikapi Archaeological Museum and
Archeo-park obtiene el primer premio. Estambul, Turquía

Peter Eisenman es galardonado con un Doctorado honorario
de la Fine Art, Brera Academy of Art, Milan

2013 Greg Lynn publica Archaeology of the Digital: Peter Eisenman,
Frank Gehry, Chuck Hoberman, Shoei Yoh

2013 Proyecto
Taichung City Cultural Center

Libro
Supercritical: Peter Eisenman & Rem Koolhaas
London: AA Press, 2013

2014 Past as Prologue. Peter Eisenman in conversation with Michael
Graves. Organizado por la Architectural League en
Parsons The New School for Design

Piranesi Prix de Rome for Career Achievement, Accademia
Adrianea di Architettura e Archeologia, Rome Dedalo
Minosse International Prize for the Environment, City of Culture
of Galicia

2015   Peter Eisenman recibe el 2015 AIA/ACSA Topaz Medallion for
       Excellence in Architectural Education

2015   Proyecto
       Liget Budapest House of Music

2015 Libro
       Palladio Virtuel Peter Eisenman with Matt Roman.
       Yale University Press
       Una de las más creativas y exhaustivas aproximaciones a los
       proyectos de Villas de Palladio

2016   Zaha Hadid muere en Florida, Estados Unidos

2016   Proyecto
       Guggenheim Helsinki Museum

       Libro
       *By Other Means: Notes, Proyectos, and Ephemera From the
       Miscellany of Peter Eisenman* Jeffrey Kipnis.
       Edited by Mathew Ford. Leiden: GAA Foundation

2018   La tesis doctoral es traducida al por Masoud Habibi y Ali Kakavand

2018   Proyecto
       Rug

       Proyecto
       Budapest South Gate

2019   Proyecto
       Residenze Carlo Erba

Proyecto
Hungarian Museum of Transport

Proyecto
Babyn Yar Holocaust Memorial Center

2020   Peter Eisenman es galardonado con la Gold Medal for
Architecture, The American Academy of Arts and Letters

Se inaugura el Taipei Pop Music Center de RUR Architecture,
Jesse Reiser y Nanako Umemoto

2020   Libro
Lateness

Peter Eisenman con Elisa Iturbe. Princeton
Architectural Press

2022   Proyecto
Montreal Holocaust Museum

Agradecimientos

Este libro no podría haber sido llevado adelante sin la excelente predisposición de Peter para brindarse a sucesivas entrevistas, siempre de manera online, con un perfecto desconocido que es quien escribe. Su generosidad, tanto en las serias respuestas a mis, por momentos, erráticas preguntas, como su amistoso trato vuelve la elaboración de estos textos un verdadero placer.

Gracias también a Cynthia Davidson por facilitar el material gráfico y articular las entrevistas, así como a Erdem Tuzun por estar presente en las comunicaciones y hacerlas posibles.

Muchas gracias a Guillermo Kliczkowski por la confianza depositada en el Instituto de Arquitectura para la elaboración de esta serie, y a Cecilia Ricci por darle un modo de aparecer tan maravilloso en su dedicada labor de diseño gráfico.

Finalmente, gracias a Maximiliano Schianchi por la revisión y colaboración en la edición del libro, a Delfina Amejeiras por hacer posible el refinamiento de la línea de tiempo, y a Milagros Achával y Josefina De Gracia por colaborar en las actividades que rodean a esta colección de manera tan proactiva.

Todas las imágenes en este libro son propiedad de Eisenman Architects (a excepción de la imagen de la página 15) quienes las cedieron amablemente para poder ser publicadas vía la revista Antagonismos. Gran parte del material aquí vertido forma parte del Especial número 9 de Antagonismos, Revista de Arquitectura dedicado a la obra de Eisenman Architects.